北海道
Hokkaido

雪祭、流冰、溫泉、美食，
戀上白色大地，雪國出發自由行

娜塔蝦————著

日本夢幻
冬之旅

　　北海道由於處於高緯度，美麗的大自然風光就有別於亞洲各地的風景，所以一直以來都是台灣人夢想的旅行景點。特別是冬天的北海道，飄落著世界著名的粉雪，將遼闊的北國大地覆蓋著一層層的白雪，無不讓身處在東南亞的我們感到驚艷。此外北海道乾燥的白雪，也吸引著世界各地的滑雪玩家無不慕名前來感受粉雪的魅力，那是一種滑過就回不去的感覺。

　　娜塔蝦一直都是日本最強滑雪旅遊作家，第一本書《日本滑雪度假全攻略》更是台灣市面上唯一一本詳細介紹日本各大雪場的旅遊書，根本就是日本滑雪場的指標性書籍。這次娜塔蝦出了這本《北海道我來囉！》，幾乎涵蓋了北海道冬天指標性的旅遊體驗，比如說破冰船，流冰物語號及 SL 冬之濕原號都會是你永生難忘的旅遊體驗。此外這次還有涵蓋北海道各大雪祭及主要滑雪場等。冬天來北海道就是要泡溫泉，此本書籍也有涵蓋洞爺、登別、定山溪等北海道知名溫泉勝地。

　　娜塔蝦多次來北海道取材，也有跟我碰面，所有的內容都是她實地取材，就是要呈現最新最正確的旅遊情報給所有讀者。書中幾乎所有的景點我都去過了，這些都是北海道冬天精華中的精華，每個景點都會讓你驚呼北海道的自然魅力。身為住在北海道的台灣人，這本書籍絕對會讓你少掉很多做功課的時間，而且也能讓你玩到最接地氣的北海道旅遊。

　　北海道女婿推薦這本書，給所有熱愛或即將愛上北海道的人。

北海道女婿 / 知名 Youtuber

疫情後的第一趟旅行，是北海道。

一下飛機，鮮甜的空氣、餐桌上的美食、道東獨有秋季之美，正因有過別離，相隔三年後，除了感動，更有珍惜。

如同書中提到的，再冷也要去北海道！

北海道比起日本其他地方，四季更為鮮明，也造就了北海道的季節絕景、特色祭典、溫泉住宿、在地美食都極具特色，且是會讓人上癮的。

北海道的美好，讓人走上一趟就著迷。

初訪在百花綻放的夏日、五感凍到震撼是冬季，秋的繽紛、春的多彩就更不多說，何況還有許多秘境之旅更值得玩家去探索。相信很多人都將北海道列為訪日本的必訪之地，但透過身為滑雪教練、美食家娜塔蝦，對於雪國的五感體驗，不但早已有她獨道的嚴選能力，而且還有著比一般人更深刻的觀察力。

我邊看著書、心也跟緊著塔蝦的腳步，重溫、也再次認識北海道的美與好。

日本。私旅行 愛莉西亞 aLiCia / 日本旅遊作家

跟我一起到北海道尋找「初戀」吧！

　　老朋友都知道，我的人生第一次滑雪是在北海道富良野，實在太好玩！北海道的雪好柔好細，輕飄飄的就像棉花糖一樣，空氣清爽純淨，各種美食讓人讚不絕口，根本是天堂。心中產生的美好悸動，就跟「初戀」一樣，說北海道是我的「滑雪初戀」也沒錯呢！

　　往後總想辦法安排北海道滑雪之旅，到各地走走逛逛，以及在冬天以外的季節造訪。深深的戀上北國，有繁榮的大城市札幌、風景優美的小樽與函館、壯麗自然風光的道東；以及冬季獨有，以冰與雪打造出一個個熱鬧、浪漫或神秘的祭典。當我第一次看到鄂霍次克海的遼闊流冰，美得令人屏息！這裡是人間仙境吧，我想。

　　千變萬化的面貌，讓我與北海道的每次相遇，都是驚嘆號。實在太美太喜歡了！在蒐集旅遊資訊中，也察覺因為四季分明的特色，北海道每個季節都有不同景點與玩法。以及地廣人稀，讓很多人以為到北海道一定得自駕，其實有很多替代的交通方式。於是將自己的旅遊筆記一一整理，尤其著重在冬季限定景點與體驗，不自駕也能趴趴走的玩法，當然也少不了我最愛的滑雪運動，與美酒美食情報分享。

　　初戀滋味酸酸甜甜，旅行回憶有苦有甘，希望透過我的圖片和文字，能傳達北海道的各種美好，並協助你，開始規劃屬於你的北海道之旅。Let's go to Hokkaido！

娜塔蝦

CONTENTS

Chapter 7

胖死也要吃，
5大人氣美食＆伴手禮

Chapter 8

行程規劃推薦

Chapter 6

季節限定！
5個非玩不可的冬季體驗

Chapter 1

出發去北海道前
該知道的 6 件事

01 北海道是台灣的兩倍大！

曾經有朋友請我幫忙看看他的北海道行程：「早上在札幌的市場吃海鮮、下午去旭山動物園看企鵝、晚上到函館吃拉麵看夜景。」我笑著跟他說，「這個行程，要有哆啦A夢的任意門才辦的到吧！」

很多人在規劃北海道自由行遇到的盲點，就是忽略**北海道很大，非常大，真的很大**的事實。北海道有多大？北海道 JR 官網特別製作一個網頁，讓大家可以在世界地圖上移動北海道，和自己的國家比比看北海道的大小，會更有概念。

立馬來瞧瞧，北海道約是台灣的 2.5 倍大，從北到南約莫是台北到高雄的距離、從東到西等於東京到名古屋的距離，只花一天是無法走透透的。北海道分為道北、道央、道南、道東四大區域，前面提到的札幌屬於道央、函館屬於道南，如果行程跨越不同的區域，就要增加交通時間的規劃喔。

02　冬季如何穿衣服

　　北海道冬季氣溫在零度上下，又會下大雪，想穿的保暖又有型，有訣竅。冬天雖然冷颼颼，但北海道室內暖氣也是開得強強滾，如果去當地人家裡作客，還會看到他們在室內穿短袖吃冰的奇景呢。也衍生出日本都市傳說，北海道人只要去日本其他地區，都會嫌當地的暖氣不夠強。

　　所以不要一股腦地穿上最厚重的衣服，謹記洋蔥式穿法：多層次穿搭，移動到室內或室外時，再穿脫來調整。

洋蔥式穿搭是王道

　　我的穿搭方式：內層發熱衣，平價時尚品牌的就很好穿。中層選擇毛衣或是法蘭絨材質的外套，厚一點的棉 T 也行。最外層是大衣或防風防水外套，市面上也有充電發熱外套。外套最好挑選長下擺、能蓋住大腿的，保暖性更好。下半身只穿牛仔褲在室外會太冷，裡面加件保暖褲是個好選擇，或是直接買厚一點的雪褲、刷毛褲。

此外，也會看當天行程再些微調整，如果待在室外的時間多，會選擇高領或刷毛的內層，或是穿兩件中層增加保暖。毛帽、耳罩能維持頭部溫暖，手套也是不可少，雪地活動要準備防水手套而不是毛線手套，觸控式手套可以直接滑手機很方便。

觸控式手套可以直接滑手機

穿搭有變化的小技巧

　　出國玩一定會拍些照片作紀念，帶太多件外套行李會很笨重，我會建議帶幾個不同色系的毛線帽、圍巾輪流搭配，保暖也增加穿搭變化。小提醒，雪地陽光反射強烈，建議準備太陽眼鏡。

13

鞋底很重要

很多人會忽略的重點是鞋子。除了好走，防滑、防水、保暖都很重要喔。穿普通的球鞋或休閒鞋不夠保暖，而且走在積雪道路上，鞋子容易進雪水而把腳弄濕，很不舒服。請選擇過腳踝以上的雪靴，以及鞋底紋路深的鞋子才有防滑功能。台灣的運動用品店或是北海道部分超商有賣鞋套冰爪，直接套在鞋子下增加鞋底摩擦力，走在結冰的路面就不容易滑倒。我也曾在北海道當地購買到內建隱藏式冰爪的雪靴，設計在鞋跟部分，遇到結冰的路面再拉出來使用，很方便。

冰爪鞋套

鞋底有隱藏式冰爪

很多地方室內是禁止有冰爪的鞋子進入（避免刮傷地面），選擇鞋套或隱藏式設計冰爪，會比買一雙有冰爪的鞋子方便喔。

雖然做了萬全準備，出門時我也會多帶一雙乾淨的襪子，萬一鞋子還是弄濕了，能隨時替換。怕冷的朋友，隨身帶個保溫杯裝熱開水，或是買北海道有名的昆布茶來沖泡，隨時暖呼呼。

直接套在鞋底的冰爪

冰爪鞋套

⚡ 北海道冷知識

下小雪時北海道人是不撐傘的！因為北海道雪質乾爽（也就是傳說中的粉雪），雪花掉在身上，拍拍就掉了，不像其他地方的雪花很快就融化而溼答答。下雪時請學北海道人，瀟灑地拍掉肩膀的雪花吧！

不撐傘還有一個原因：保持雙手靈活，萬一不小心滑倒才能及時反應。

03 要選擇北海道的哪個機場呢？

出關處的哆啦 A 夢是新千歲機場地標，幾乎每位旅客都會拍照打卡「我到北海道啦！」

　　最多人選擇新千歲機場，台灣有多家航空公司直飛，離札幌市區搭乘 JR 約 37 分鐘車程，也能轉機或搭火車、巴士前往北海道其他城市。前面提到北海道分為四大區域，也能依目的地選擇抵達的機場，以及不同點進出（例如札幌進、函館出），節省時間與交通費用。

■ 台灣有航班直飛的北海道主要機場

機場名稱	機場代號	附近主要城市	航空公司
新千歲機場	CTS	札幌、小樽	華航、長榮、虎航、星宇
函館機場	HKD	函館	長榮[1]、虎航[1]
旭川機場	AKJ	旭川、富良野、美瑛	長榮[2]、虎航[1]

[1] 疫情期間暫時停飛
[2] 不定期航班

除了直飛到新千歲機場轉機，從台灣出發的旅客也可先飛到東京成田或羽田機場，再轉機到其他北海道機場。日本航空公司兩大龍頭 ANA 全日空與 JAL 日本航空，都推出外國旅客專屬的國內線票價優惠。例如全日空從東京至北海道的優惠票價僅需 13,819 日圓起，日本航空的北海道區域票價 5,500 日圓起。如果計劃到道東地區，直接飛到釧路、女滿別或中標津機場會更方便喔。

善用日本國內機票優惠，節省時間與旅費

ANA Discover
JAPAN 方案

JAL Japan Explorer
Pass 方案

新千歲機場不只搭飛機,還可以逛街、看電影、泡溫泉!

　　新千歲機場真的很厲害,有日本首屈一指的拉麵甜點壽司等各種美食任你吃,六花亭、薯條三兄弟、Royce 巧克力、LeTAO 小樽洋菓子等各種伴手禮都買的到。

　　如果離回程班機還有一些時間,我會到四樓「新千歲機場溫泉」梳洗一番。溫泉內設施很多,有岩盤浴、SPA 按摩、餐廳等,也有能小睡片刻的休息室,以及飯店。如果班機時間太早或太晚,可選擇在新千歲機場住宿一晚,隔天再出發。

新千歲機場
🌐 https://www.new-chitose-airport.jp/ja/

新千歲琳瑯滿目的伴手禮

娜塔蝦推薦，新千歲必吃必買必逛：

KINOTOYA 的乳酪塔獲得「新千歲機場員工購買的甜點類伴手禮」第一名，牛奶霜淇淋也超美味

Royce Chocolate World 展示巧克力生產與製作流程，還能買到 Royce 巧克力限定商品

北海道拉麵道場，集結北海道首屈一指的拉麵名店

我的愛店「立食壽司五十七番壽司」，由海產批發商直營，CP 值高

LeTAO 小樽洋菓子舖有機場限定版的起司蛋糕聖代

04 日本最強便利商店：北海道 Seicomart

　　說到日本便利商店，你可能先想到 Lawson、全家、7-11 等，但在北海道稱王的，是號稱「日本最強便利商店」的 Seicomart。獲得日本便利商店滿意度冠軍－還拿過 7 次，Seicomart 有超過 1 千間分店遍布在北海道。有些地區的 Seicomart 販售蔬果生鮮食品、民生用品、雜貨等，儼然是超市。在地廣人稀的北海道，Seicomart 補足北海道居民的購物需求，大小城市與鄉鎮，甚至連離島利尻島、禮文島上都能看到 Seicomart 橘白相間的招牌呢。

Seicomart 熱銷商品

　　HOT CHEF 熟食區是旅人的好朋友，現做的便當、炸物、飯糰，拿在手中還是熱騰騰的，是食物補給的好所在。Seicomart 更致力推廣北海道食材，開發「SECOMA」自有品牌，酒、泡麵、零食、甜點、冰淇淋等全都有，優格和哈密瓜冰棒是大家的心頭好。我特別推薦水果調酒，北海道余市生產的番茄做成的「番茄燒酎」，以及在地水果做成的果汁沙瓦，風味清新甜美。

Seicomart 的魅力，逛過一次就知道。因應地點與店面大小，並非所有店鋪都是 24 小時營業或供應熱食，可在官網查詢所在地點附近的 Seicomart 和服務項目。

大推水果調酒

生鮮蔬果區

熟食便當

其他的 Seicomart 商品

商店位置查詢

05 不自駕也能遊北海道？沒問題！

　　遊北海道，不一定要自駕！為了推廣觀光，北海道有四通八達的鐵路、觀光巴士、一日遊行程，甚至包車也是好方法。我曾經帶著爸媽自助旅行兩週，完全依靠大眾運輸工具沒自駕，也從札幌一路到道東玩透透。

善用北海道鐵路周遊券節省旅費

　　以新千歲機場為中心，鐵道路線北至稚內、南到函館、東到網走、釧路。如果行程有長程移動、多天會搭乘火車，可以購買給外國旅客使用的北海道鐵路周遊券，指定期間內可乘坐 JR 北海道線（北海道新幹線除外）的所有列車和部分 JR 巴士路線。過去有連續 3日、5 日、7 日或期間內任選 4 日的暢遊券，現在已經調整為 5 日、7 日兩種方案，必須連續使用；期間內能無限制搭乘自由席，也能先到車站窗口劃位指定席，在新千歲機場的JR 售票處就能購買，馬上使用。

大雪號是旭川至網走的特級列車，一日運行兩班

釧網本線（釧路至網走）的普通列車

種類	5 日用		7 日用	
	成人	兒童（6-11 歲）	成人	兒童（6-11 歲）
赴日前購票	19000 日圓	9500 日圓	25000 日圓	12500 日圓
日本國內購票	20000 日圓	10000 日圓	26000 日圓	13000 日圓

因應北海道鐵路周遊券調整方案，官方也推出兩種區域型 4 日周遊券，適合短天數旅遊。

「札幌 - 登別區域鐵路周遊券」

暢遊新千歲機場－札幌－小樽－登別之間的區域

「札幌 - 富良野區域鐵路周遊券」

暢遊新千歲機場－札幌－小樽－富良野－美瑛－旭川之間的區域

北海道鐵路周遊券官網（中文）
🌐 https://www.jrhokkaido.co.jp/global/
chinese/ticket/railpass/index.html

道東旅行靠巴士

道東是北海道冬季旅遊重點，除了鐵路，「東北海道旅行實驗室」提供詳細道東旅遊資訊與巴士行程，並能線上預約。秋冬季節各有不同主題、路線的觀光巴士，不同路線彼此銜接，能暢遊網走、釧路、阿寒湖、摩周湖、知床等，兼具移動與觀光需求，停靠熱門景點時能下車觀光，再繼續搭乘到目的地。

善用巴士、公車安排行程

例如要從釧路移動到知床，請搭乘 4 號路線，早晨從釧路或阿寒湖出發，沿途停靠景點有摩周湖、美幌峠、網走破冰船等，晚上抵達知床的宇登呂。以釧路為據點，也有幾個當地出發的一日遊行程，請見 220 頁 。

東北海道旅行實驗室・冬季路線
🌐 https://easthokkaido.com/expressbus_winter/

一日遊、包車行程

　　帶長輩或小孩出遊，我很推薦報名一日遊行程，或是直接包車。例如 KKday、Klook 網站，以及北海道中央巴士有許多一日遊，搭乘破冰船、冰上釣魚、滑雪戲雪等。我曾參加札幌出發的支笏湖冰濤祭半日遊，從札幌車站直達支笏湖，省去換車等車的時間。也曾參加札幌出發的紋別破冰船一日遊，優點是破冰船船票都需先上網預約、現場購票很容易撲空，而一日遊網站都有事先預約和保留一定數量船票，也省去自己上日文網站預約購票的功夫。

　　包車旅遊更有彈性，除了經典行程，也能針對需求客製化行程，想去哪就去哪。甚至也有中文司機導覽，多人分攤之後的費用也不會太貴。

　　不論是巴士、一日遊或包車，座位有限，建議都要提早預約喔。

一日遊的巴士／導遊用看板提醒上車集合時間

KKday 北海道行程
🌐 https://www.kkday.com/zh-tw/city/hokkaido?cid=4307

美黛子包車網站
🌐 https://miyoko-jp.com/

北海道中央巴士一日遊行程
🌐 https://teikan.chuo-bus.co.jp/tw/about/

06 下大雪，飛機停飛怎麼辦？

來聊聊嚴肅的話題「飛機停飛怎麼辦？」不是烏鴉嘴，到雪國總是得做好萬全的準備。新千歲機場曾有大雪封閉數天的紀錄，飛機起降都暫停。我也曾在東京成田機場遇過大雪機場關閉，直接在機場打地舖過夜。來分享幾個預防事項，以及萬一發生了，該如何應對。

冬天出遊，旅遊不便險先買起來，或是留意刷團費、機票的信用卡有沒有附加不便險。前一晚住在靠近機場的城市，比如從新千歲飛就住札幌或千歲，不要從比較遠的旭川、函館趕過來，萬一大雪火車停駛、公路塞車，就趕不上飛機了。住在札幌，也盡量提早出門，不要時間抓得太緊湊。若火車停駛，有時候巴士還有開，可以試試看。

飛機是否正常起飛，可以看航空公司或機場網站，出發前一晚看一下氣象預報，心裡也有底。如果航班因故調整時間，航空公司會提前以電話、簡訊、email 等方式通知，但也有可能到了機場，才遇到天候不佳而異動。若是延後起飛，影響不大，耐心等待即可。真的停飛，要先到航空公司櫃台領取「航班取消證明」，這牽涉後續改飛、保險理賠申請等，非常重要。

如果有明確的新的航班時間，就就近在機場或是附近旅館等候，但通常時間都是未定的，最好不要離機場太遠，方便到機場櫃檯詢問。航空公司會盡量協助旅客飲食、住宿、改班機等，但無法面面俱到，通常得自立自強。若訂不到機場附近旅館，就得跟我一樣機場打地鋪了。

最後是關於保險理賠的部分，請保留所有的單據，搭車請保留紙本車票、領受書（收據），使用電子票卡要印出交通明細而非儲值明細，也避免買 JR Pass 等的優惠票券，申請理賠比較沒有爭議。改飛後新的機票購票證明、登機證也要保存好。

我在成田機場過夜的紀錄：航空公司分發睡袋、大家在機場找空位打地鋪、機場內的超市被搶購一空

新千歲機場官網（查詢班機資訊）
🌐 https://www.new-chitose-airport.jp/ja/

函館機場官網
🌐 https://airport.ne.jp/

旭川機場官網
🌐 https://www.aapb.co.jp/tw/

Chapter 2

城市與景點的觀光散策

札幌 Sapporo
景點推薦

MORIHICO藝術劇場店 🍴

札幌蒙特利酒店 Ⓗ

拉麵共和國 🍴

場外市場 📷

JR東日本札幌Mets飯店 Ⓗ

札幌車站 🚌

根室花丸迴轉壽司
回転寿司根室花まる 🍴

六花亭札幌本店 🛍

北海道廳舊本廳舍 📷

時計台 📷

札幌市役所地下食堂 🍴

札幌電視塔 📷

大通公園 📷

二條市場 📷

🍴 Restaurant Molière

魚與日本酒Whontana 🍴

狸小路商店街 📷

札幌王子大飯店 Ⓗ

📷 北海道神宮

OMO3札幌薄野by星野集團 Ⓗ

北海道産酒 BAR KAMA田 🍴

札幌車站 🚌

中島公園 📷

羊之丘展望台 📷

瀧野鈴蘭丘陵公園 📷

札幌

Sapporo

北海道首府，日本第四大城。我喜歡札幌，是熱鬧大城市，又帶有北海道獨有的優美風景。幅員廣大的大通公園、中島公園，為都市增添綠意，還有眾多歷史建築、購物商店、餐廳美食。想去近郊或其他城市旅遊，也有非常多觀光巴士路線，絕對能找到一個你喜歡的行程。

北海道旅行的起點，就從札幌開始吧。

札幌過往溫度參考：

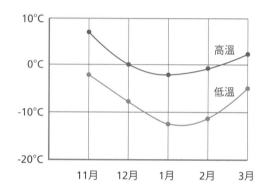

■ 觀光資訊

札幌觀光官方網站
🌐 https://www.sapporo.travel/zh-tw/

■ 交通

如何抵達

該選火車或巴士？要前往札幌車站附近，請選火車。要前往大通公園、薄野、中島公園一帶，選擇巴士直達，就不用帶著行李換車奔波。

火車：新千歲機場至札幌，JR 快速機場列車（JR 快速エアポート）約 37 分鐘，自由座 1,150 日圓。

巴士：新千歲機場至札幌約 1 小時 15 分鐘，費用 1,100 日圓。

札幌市內交通

札幌市內交通移動推薦以地鐵為主，能抵達大部分景點。沒有地鐵站的景點再搭配市電（路面電車）或循環巴士前往。

地鐵：以大通站為中心點，綠色的南北線、橘色的東西線，藍色的東豐線串起整個札幌市的交通網。札幌車站在地鐵站名的標示為「さっぽろ」。地鐵 1 日專用乘車券分為平日，以及週末例假日更划算的「DONICHIKA 卡」，後者的成人票價 520 日圓，搭乘 3 次以上就回本，可在地鐵站售票機或櫃台購買。

市電：繞行札幌市西南地區，行經狸小路、藻岩山空中纜車站，是觀光客比較會使用到的。每次乘車費用成人 200 日圓，兒童 100 日圓。

循環巴士：北海道中央巴士推出的循環 88（さっぽろうぉ～く），會經過大通公園、札幌啤酒園與札幌工廠。成人單程 210 日圓，兒童 110 日圓。另有一日票。

🌐 https://teikan.chuo-bus.co.jp/course/411

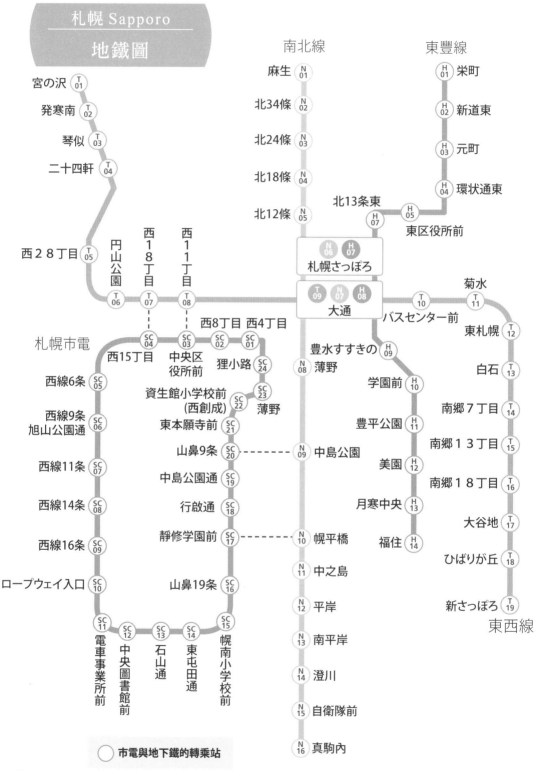

札幌 Sapporo 地鐵圖

南北線

東豊線

宮の沢 T01
発寒南 T02
琴似 T03
二十四軒 T04
西２８丁目 T05
円山公園 T06
西18丁目 T07
西11丁目 T08

麻生 N01
北34條 N02
北24條 N03
北18條 N04
北12條 N05

栄町 H01
新道東 H02
元町 H03
環状通東 H04
北13条東 H05 H07
東区役所前

N06 H07
札幌さっぽろ

T09 N07 H08
大通
バスセンター前

菊水 T11
東札幌 T12
白石 T13
南郷７丁目 T14
南郷１３丁目 T15
南郷１８丁目 T16
大谷地 T17
ひばりが丘 T18
新さっぽろ T19

東西線

T10

札幌市電

西8丁目 SC02　西4丁目 SC01
狸小路 SC24
中央区役所前 SC03
西15丁目 SC04
西線6条 SC05
西線9条 旭山公園通 SC06
西線11条 SC07
西線14条 SC08
西線16条 SC09
ロープウェイ入口 SC10
資生館小学校前 (西創成) SC22
東本願寺前 SC21
山鼻9条 SC20
中島公園通 SC19
行啓通 SC18
靜修学園前 SC17
山鼻19条 SC16
電車事業所前 SC11
中央図書館前 SC12
石山通 SC13
東屯田通 SC14
幌南小学校前 SC15

薄野 SC23

豊水すすきの 薄野 N08
学園前 H10
豊平公園 H11
美園 H12
月寒中央 H13
福住 H14

中島公園 N09
幌平橋 N10
中之島 N11
平岸 N12
南平岸 N13
澄川 N14
自衛隊前 N15
真駒內 N16

⭘ 市電與地下鐵的轉乘站

32

冬季特色景點

📍 羊之丘展望台（羊ヶ丘展望台）

　　我最愛的札幌景點，很推薦到此一遊。前身為北海道農業試驗場的牧場，從展望台眺望草原上放牧的羊群，以及遠方的札幌市街，景色美好動人。四季不同的主題活動，春天體驗剃羊毛、夏天薰衣草田、秋天海鮮節，冬天是精彩的雪樂園！

羊之丘展望台

羊之丘展望台眺望風景

步行滑雪

羊之丘 Snow Park

冬季來到北海道一定要痛快玩雪！每年 1-3 月初，羊之丘是札幌超夯的親子雪樂園，園區內規劃步行滑雪、雪滑梯、雪地甜甜圈、雪屋、堆雪人等豐富的活動與體驗，大人小孩都玩的歡樂無比。

購買門票之後都能暢玩，各式體驗通通免費，包括步行滑雪裝備都能免費使用。準備好保暖的衣物、手套與帽子，就能開心的玩上一整天。

$\frac{1}{2}$│3　雪地玩樂，雪地甜甜圈、雪屋、雪人

其他設施

「札幌冰雪節資料館」展示札幌雪祭 60 多年來的資料與模型。「羊之丘客棧」內能品嘗到美味的成吉思汗烤肉，不夠時間用餐，也可買個羊肉串、蝦夷鹿肉串嘗鮮。到「羊之丘足湯」泡腳暖暖身體，「奧地利館」的冰淇淋一年四季都是大人氣，這裡販售羊之丘展望台、札幌微笑大使「成吉思汗烤羊肉君」的紀念品。

札幌冰雪節資料館　　　　　　　　　　展示札幌雪祭資料與模型

⚡ 北海道冷知識

就算隨時被可能吃掉，也要展現滿滿活力的「成吉思汗烤羊肉君」

在羊之丘展望台，不時能發現吉祥物「成吉思汗烤羊肉君」的可愛身影。誕生於札幌，羊之丘是他的家，是隻未滿 1 歲的小羔羊，頭上戴的帽子是成吉思汗烤肉盤。

吉祥物──成吉思汗烤羊肉君

他是札幌市的微笑公關大使、成吉思汗烤肉應援隊隊員。人物個性的設定是「雖然隨時會被吃掉，但本人還是保持冷靜，希望在北海道品嘗成吉思汗烤肉的人都能有快樂的回憶。」活潑討喜的形象，曾獲得日本吉祥物大賽的北海道冠軍呢！羊之丘展望台的商店，有最齊全的成吉思汗烤羊肉君周邊紀念品，選購幾項作為紀念吧。

克拉克博士雕像

　　羊之丘的地標，克拉克博士是札幌農學校（北海道大學前身）校長，手指指向遠方，遊客最愛模仿與拍照留念。雕像下方刻著他的名言「Boys, be ambitious」（少年們，要胸懷大志）來勉勵學生。每次想到這句話，就讓我充滿勇氣，可以無畏地朝自己的夢想前進。

地標克拉克博士雕像

　　「胸懷大志的誓言」寫下你的夢想吧！在奧地利館購買「胸懷大志的誓言」的紙張（100 日圓），寫下夢想與希望，投入克拉克博士雕像底座的郵筒。記下投入的日期，未來再次造訪羊之丘，可向服務台查詢，取出與回顧當時寫下的誓言。

胸懷大志的誓言

羊之丘展望台

🏔 北海道札幌市豐平区羊ケ丘 1 番地 🚌 地下鐵福助站，巴士總站 4 號月台搭乘往羊之丘展望台公車（福 84 羊之丘線）約 10 分。公車直接進入園區，下車後要到旁邊的售票亭購買門票 🕘 9：00 ～ 17：00，各設施營業時間不同 🏷 成人 530 日圓，中小學生 300 日圓 🌐 https://www.hitsujigaoka.jp/

羊之丘展望台園區地圖

奧地利館

📍 瀧野鈴蘭丘陵公園（滝野すずらん丘陵公園）

札幌最受歡迎的親子公園，春夏賞花，冬天是雪之世界，整個公園被厚厚積雪覆蓋著，有各種雪地玩樂設施、滑雪場地。冬天免費入園。

東口入口和園區風景

瀧野鈴蘭丘陵公園田園小屋

田園小屋（Country House）

搭乘公車前往，在終點站「鈴蘭公園東口」下車，進入園區會看到田園小屋（Country House），休息室、服務台、兒童遊戲室、餐廳都在這，以及裝備租借。外國人出示護照可購買優惠套票，吊椅纜車券＋租借滑雪用具享有優惠。

滑雪

田園小屋前方就是滑雪斜坡，250 公尺長的雪道，平均坡度 7 度，很適合滑雪新手和小朋友。有一座 2 人吊椅纜車，以及新手練習區。能租借毛帽、手套、護目鏡，滑雪器材只有雙板雪板租借。雖無提供單板雪板租借，場地是可以單板滑雪的。

步行滑雪、雪鞋健行

提供步行滑雪用具、大腳雪鞋租借，規劃不同程度的多條路線，沿途欣賞雪地森林、冰瀑等自然美景。

雪地甜甜圈、雪橇場地

公園內的戲雪區，這裡有全日本最長、200 公尺的雪地甜甜圈滑道，能享受到刺激的速度感。有纜繩拖曳拉上斜坡，不用辛苦爬坡。戲雪區內放置雪盆、雪橇車等玩雪器材，全都自由使用。旁邊的大型休息室彩虹之巢（虹の巢ドーム）有攀爬網，讓小孩在室內也不無聊。

雪地甜甜圈　　　　　　　　　　　雪盆

冬季在下午 4 點關門，安排上午前往能玩比較久。園區入口的看板有末班公車時間，小心別錯過了，不然只能搭計程車囉。

瀧野鈴蘭丘陵公園

🏔 札幌市南區瀧野 247 🚌 地鐵真駒站，搭乘「瀧野線」公車約 35 分鐘
🕐 各季節的營業與開放區域不同，冬季為 9：00 ～ 16：00 🏷 冬季免費入園
🌐 https://www.takinopark.com/

必訪景點推薦

📍 北海道廳舊本廳舍

　　北海道地標，超過百年歷史，使用 250 萬塊紅磚建造的宏偉巴洛克式建築，被暱稱為「紅磚廳舍」。館內展示北海道相關的歷史文物，免費參觀。2019 年底施工整修，在 2023 年春季之後重新對外開放。

🏛 札幌市中央區北 3 條西 6 丁目 🚉 札幌車站步行約 7 分
🕐 8：45 ～ 18：00
🌐 https://www.pref.hokkaido.lg.jp/sm/sum/sk/72039.html

📍 時計台

　　北海道少數保存至今的美式建築物，優雅的米白色外牆展露懷舊氛圍，是人氣打卡景點。一樓為展示室可購票進入參觀。最佳拍照點除了時計台前的拍攝檯，馬路對面的二樓平台能拍攝到時計台全貌。

🏛 札幌市中央区北 1 条西 2 丁目 🚌 地鐵大通車站步行約 5 分
🕐 8：45 ～ 17：10（1/1 － 1/3 休館）🏷 成人 200 日圓，高中生以下免費入場
🌐 https://sapporoshi-tokeidai.jp/

📍 大通公園

位在札幌市中心，呈狹長型，
從一丁目延伸到十二丁目，長約
1.5 公里。公園內有大量的樹木、
花卉、草坪與噴泉，是市民最愛
的休憩場所，也是秋天美食節、
冬季聖誕市集、札幌雪祭等活動
的舉辦地點。

🏛 札幌市中央區大通西 1 ～ 12 丁目 🚌 地鐵大通站 🌐 https://odori-park.jp/

📍 狸小路商店街

狸小路商店街　　　　　　札幌最新美食據點「狸 COMICHI」　　　　　　　狸神社

是札幌最熱鬧的商店街，1 丁目至 7 丁目長將近 1 公里，數不盡的的藥妝店、
美食餐廳是遊客最愛。因冬季下雪，有屋頂遮蓋的商店街，可以安心逛街。

2 丁目的「狸 COMICHI」在 2022 年 8 月開幕，2 層樓的建築有近 20 間店家，
能購買與品嘗北海道各地食材與美食，是札幌美食新據點。旁邊是「狸神社」
可參拜參觀。

🏛 札幌市中央區区南 2 條西 2 丁目 5 🚌 地鐵大通站、薄野站步行約 6 分
🕐 各店家不同

札幌電視塔

札幌市獲選為日本新三大夜景，大通公園旁的札幌電視塔，是欣賞夜景的好地方。搭乘電梯到 90 公尺高的展望台，大通公園、市區景色盡收眼底，白天晴朗時還能看到遠方的日本海與石狩平原。展望台更推出白天＆晚上不分時段的兩次入場券，日夜美景都不錯過。

電視塔的吉祥物「電視爸爸家族」造型超逗趣，展望台上更有札幌市區最高（也是最可愛）的神社「電視爸爸神社」。

札幌電視塔外觀

電視爸爸神社

🏔 札幌市中央區大通西一丁目 🚇 地鐵大通站（27 號出口）步行約 5 分 🕐 9：00 ～ 22：00，白色燈節、雪祭、新年開放時間與公休日另行公布 🏷 成人 1,000 日圓、小學生＆國中生 500 日圓、幼兒免費。白天／晚上不分時段兩次入場券：成人 1,500 日圓 🌐 https://www.tv-tower.co.jp/

🌀 北海道冷知識

包下札幌電視塔慶祝紀念日！

你知道嗎？札幌電視塔提供包塔服務，包下整座電視塔獨享兩人時光，只要 10,000 日圓起！時間為打烊後 30 分鐘，獨享觀景台，會在 1 樓的螢幕顯示客製化訊息、電視塔特別點燈，再贈送葡萄酒。不論是要求婚，或是慶祝生日、紀念日，都是浪漫無比。每天僅接待一組客人，心動的話請提早預訂吧。（官網有申請表）

📍北海道神宮

　　這裡供俸祭祀著開拓北海道的守護神以及日本明治天皇，因此尊稱為「神宮」而非神社，也成為北海道「總鎮守」（總守護神），受到民眾崇敬。神宮的拉拉熊御守和 Hello Kitty 御守很受歡迎，參拜休憩處的「神宮茶屋」販售北海道熱門甜點，人氣商品「福かしわ」餅乾，柏葉造型的靈感來自神宮周圍的百年柏樹。

　　有鑒於冬天積雪太厚，難以前往北海道神宮參拜，特別在市中心設置「北海道神宮頓宮」，是北海道神宮的遙拜所。

北海道神宮

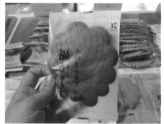

$\frac{1}{2}$ 神宮茶屋與人氣商品「福か
しわ」餅乾

北海道神宮
🏛 札幌市中央區宮丘 474 🚌 地鐵圓山公園站步行約 15 分 🕐 夏季 6：00 ～ 17：00 冬季 7：00 ～ 16：00（新年期間例外） 🌐 http://www.hokkaidojingu.or.jp/

北海道神宮頓宮
🏛 札幌市中央區南 2 條東 3 丁目 10 🚌 地鐵バスセンター前駅步行約 2 分
🕐 夏季 9：00 ～ 17：00，冬季 9：00 ～ 16：00 🌐 https://tongusan.jp/

中島公園

天文台前方有提供免費的雪盆

📍 中島公園

有著茂密森林與湖泊，在市中心悠然欣賞大自然美景，再累的身心都能得到療癒。春天賞櫻、秋天賞楓，冬天則是熱門戲雪場地，園區內還有免費租借裝備！

公園裡的體育中心免費提供步行滑雪的裝備，並規劃數條體驗路線。在札幌市天文台前方提供免費雪盆，大人小孩都玩的不亦樂乎。札幌雪祭期間，同時舉辦中島公園雪燈活動。

步行滑雪體驗（歩くスキー）

體育中心在幌平橋站 1 號出口步行 5 分鐘，請依「歩くスキー無料貸出所」指示前往。租借時間大致 1 月上旬至 3 月上旬，每日 10：00 ～ 16：00，但會依雪況調整，請見中島公園官網。

免費租借的品項為雪鞋、雙板滑雪板與雪杖，要自備毛帽、手套等保暖裝備。

步行滑雪體驗

🏔 札幌市中央區中島公園 1 番 5 號 🚌 地鐵中島公園站或幌平橋站 🕐 公園 24 小時開放，各設施另有開放時間 🌐 https://nakajimapark.info/

📍二條市場

號稱「札幌市民的廚房」，超過百年歷史的老市場，北海道海產、蔬果應有盡有。商店、餐廳從7點開始陸續營業，早餐就來碗澎湃的海鮮丼吧。這裡也能購買新鮮的海膽與生蠔，現開現吃。想要吃到整隻帝王蟹也不是問題！

🏠 札幌市中央區南3條東1～東2丁目 🚇 地鐵大通站步行約5分 🕐 各店家營業時間不等

二條市場

餐廳的海鮮蓋飯

📍場外市場

距離市區有段距離，但是一樣有澎湃海鮮物產，整條街上店家親切的吆喝歡迎你，螃蟹、海膽、鮭魚卵、哈密瓜樣樣都讓人心動。也能在商店購買新鮮螃蟹，再請餐廳料理。

🏠 札幌市中央區北11條西21丁目 🚇 地鐵二十四軒站步行約7分。JR火車站桑原站步行約10分 🕐 各店家營業時間不等

美食報報

湯咖哩、成吉思汗烤肉介紹請看 234 頁

📍 拉麵共和國

北海道拉麵名店大集合！札幌車站旁 ESTA 大樓 10 樓，裝潢重現昭和復古街景，聚集 8 間來自北海道各地的知名拉麵店。定期更換店家，拿不定主意吃哪間店，請參考人氣投票排行榜囉。

🏠 札幌市中央區北 5 條西 2 丁目 Esta 10 樓 🚇 地鐵札幌站 🕐 11：00 ～ 22：00 🌐 https://www.sapporo-esta.jp/ramen

📍 札幌市役所地下食堂

內行人才知道的銅板美食，500 日圓就能品嘗飯糰、拉麵、定食等美味午餐，經濟實惠。位在札幌市役所地下一樓，採自助式，在售票機購買餐券、取餐後再自行找座位入座。窗外有日本庭園造型。

札幌市役所地下食堂一隅

🏠 札幌市中央區北 1 條西 2 丁目札幌市役所地下 1 樓 🚇 地鐵大通站步行約 2 分 🕐 10：00 ～ 18：00（週末例假日公休）🌐 https:// 札幌市役所地下食堂 .jp/

Restaurant Molière

北海道絕頂人氣的法式餐廳,獲得米其林三星評鑑。主廚使用在地食材如十勝牛、蝦夷鹿、毛蟹等,細膩製作法式料理,餐點與服務都是高水準演出。

🏠 札幌市中央區宮ヶ丘 2 丁目 1-1 🚃 地鐵圓山公園站步行約 10 分 🕐 週三公休

🌐 https://sapporo-moliere.com/

根室花丸迴轉壽司 (回転寿司根室花まる)

發跡於道東的根室市,在北海道有多間分店,在這能十足享受北海道豐饒的海鮮。除了壽司,炸雞和螃蟹味噌湯也是人氣料理。

根室花丸迴轉壽司 STELLAR PLACE 店

🏠 札幌市中央區北 5 條西 2 丁目 JR Tower Stellar Place 6 樓 🚃 地鐵札幌站

🕐 11:00 ～ 22:00 🌐 https://www.sushi-hanamaru.com/la_cn/

MORIHICO 藝術劇場店及咖啡

MORIHICO 藝術劇場店

此為札幌知名的森彥咖啡在市中心的分店,藝術劇場位在札幌市民交流廣場,挑高的空間、大落地窗與造型燈飾,傳達與本店不同的現代摩登氣氛。選用自家烘焙的咖啡豆,充滿讓人留連忘返的咖啡香。

🏠 札幌市中央區北 1 條西 1 丁目札幌市民交流廣場 1F 🚃 地鐵大通站 🕐 8:00 ～ 22:00,週末例假日 9:00 ～ 22:00 🌐 https://www.morihico.com/shop/geizyutsu/

📍 北海道産酒 BAR KAMA 田（かま田）

　　老闆鎌田孝先生是日本酒匠、知名品酒師，蒐集超過 350 種北海道產酒，威士忌、葡萄酒、清酒、燒酎應有盡有！下酒菜也是用北海道食材精心料理。店內使用平板點餐，有詳細的英文說明，來這體驗「道產酒」的魅力吧。

鎌田孝先生（中）熱情介紹北海道地酒

🏠 札幌市中央區南 4 西 4-14-2 MY プラザビル 8F 🚈 地鐵薄野站步行約 3 分
🕐 週一至六 18：00 ～ 1：00，週日、假日 17：00 ～ 0：00

📍 魚與日本酒 Whontana（さかなとお酒うぉんたな）

　　薄野的平價居酒屋，有新鮮美味的海鮮丼和手工蕎麥麵。提供超過 40 款清酒選擇，還有機會喝到十四代清酒！中午時段提供酒餚組合，以及划算的日本酒品飲組，是旅途中小酌一杯的好地方。

🏠 札幌市中央區南 3 條西 5 丁目 36-1　F・DRESS 五番街ビル 7F 🚈 地鐵薄野站步行約 3 分 🕐 11：00 ～ 0：00（午餐至 15：00）🌐 https://wontana.owst.jp/

六花亭招牌
甜點蛋糕

📍 六花亭札幌本店

　　北海道代表性的甜點品牌，札幌本店在札幌車站附近，一樓賣店販售伴手禮與商品。二樓是喫茶店，季節限定的草莓聖代、草莓蛋糕絕對必點。六花亭伴手禮介紹請見 240 頁

🏠 札幌市中央區北 4 條西 6 丁目 3-3 🚈 地鐵札幌站步行約 3 分 🕐 店舖 10：00 ～ 17：30，喫茶室 11：00 ～ 16：30 🌐 https://www.rokkatei.co.jp/

住宿推薦

札幌王子大飯店

　　能欣賞璀璨夜景的飯店！近年翻新的客房以 Urban North Resort 為概念，使用北海道銀杏的黃色、豐平川的藍色為主色調，空間明亮溫暖，高樓層客房與頂樓餐廳能欣賞美麗夜景。設有溫泉，以北海道為主題的自助式早餐非常豐盛，能吃到許到道地美食。

　　提供到札幌車站的免費接駁車，這裡也是機場巴士、北海道滑雪巴士的停靠站。

飯店能欣賞札幌夜景房間

以銀杏黃葉為主題的房間

🏠 札幌市中央區南 2 條西 11 丁目　🚌 地鐵西 11 丁目站步行約 3 分
🌐 https://www.princehotels.com/sapporo/zh-hant/

JR 東日本札幌 Mets 飯店

　　札幌車站北口附近，商務飯店但有著北歐風的質感設計。提供舒適寢具，全部的房間都有浴缸，滿足旅人的需求。

🏠 札幌市北區北 7 條西 2 丁目 5-3
🚌 地鐵札幌站步行約 3 分
🌐 https://www.hotelmets.jp/sapporo/

📍 札幌蒙特利酒店

飯店大廳模擬薄野熱鬧夜生活的看板裝飾

　　酒店以英倫復古情調設計，客房有古典、田園等不同風格。自然採光的室內中庭花園，是當地網美、婚攝最愛地點，浪漫有氣氛。

🏠 札幌市中央區北 4 北海道東 1 丁目 3 番地

🚌 鐵札幌站步行約 3 分

🌐 https://www.hotelmonterey.co.jp/edelhof/

📍 OMO3 札幌薄野 by 星野集團

　　2022 年初新開幕，是星野集團內的平價旅宿，但充滿設計感。連結在地文化，每天傍晚舉辦「薄野 Apéro 小酌會議」，由在地嚮導介紹札幌美食文化與精選店家；並和元祖拉麵橫丁合作，「拉麵橫丁－拉麵吃透透」住宿方案提供拉麵券，能在 17 家店任選兌換半碗份量的拉麵，就能多品嘗不同口味啦。飯店也是北海道滑雪巴士的停靠站。

🏠 札幌市中央區南五條西 6-14-1 064 -0805　🚌 地鐵薄野站步行約 5 分鐘

🌐 https://hoshinoresorts.com/zh_tw/hotels/omo3sapporosusukino/

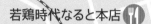

Ⓗ Dormy Inn Premium小樽

Ⓗ OMO5小樽by星野集團

若鶏時代なると本店 🍴

滝波食堂 🍴
小樽三角市場 📷

📷 小樽運河

小樽車站 🚌

📷 出拔小路

大正硝子館 📷

🍴 迴轉壽司
和樂小樽店

八田寿司 🍴

堺町通商店街 📷

北一硝子三號館 📷

LeTAO小樽洋菓子舖總店 🍴

童話十字街口 📷

小樽運河 📷
小樽車站 🚌

📷 天狗山觀景台

小樽
Otaru

若只能用一個形容詞介紹小樽，一定是「浪漫」。北海道最早發展的港口都市，市內保留許多百年以上的歷史建築，讓人緬懷過去繁榮貿易的輝煌歲月。電影「情書」在此取景，漫步在小樽運河旁，欣賞各種復古的日式與歐風建築，讓我感受到濃濃的異國氛圍，非常羅曼蒂克。小樽也是美食之都，海鮮、壽司和甜點廣受遊客喜愛。

觀光資訊

小樽市官網
🌐 https://www.city.otaru.lg.jp/navi/kanko/

交通

如何抵達

火車：札幌至小樽約 32 分鐘，750 日圓

巴士：札幌至小樽約 60 分鐘，680 日圓

小樽市內交通

小樽各景點雖然距離不遠，但一整天走走逛逛也會腿痠。如果計畫在小樽待上一整天，購買「小樽巴士一日券」絕對划算。一日券成人票價 750 日元，小樽巴士單程為 220 日元，搭乘四次就回本。若要前往天狗山，也有巴士＋纜車搭乘券的優惠套票。在小樽車站前巴士總站、小樽運河巴士總站可購買。

小樽車站

必訪景點推薦

📍 小樽運河

小樽運河

你知道嗎？作為小樽地標的小樽運河，曾經差點被填平呢。

小樽曾是北海道最大的貿易港，沒落之後，政府一度考慮將運河填平為公路，還好在居民爭取下保存下來，並修葺了步道，河岸兩側的古老石造倉庫改建為餐廳、咖啡廳或商店，營造獨一無二的復古懷舊氛圍。

小樽運河旁的舊倉庫如今改建為餐廳或商店

小樽運河白天夜晚都美，夜晚河畔的瓦斯燈亮起，增添了優雅浪漫氣息。搭乘遊覽船遊河，又是不同的風貌。冬季，小樽運河更是小樽雪燈之路祭典場地。

小樽雪燈之路介紹請見 135 頁

小樽運河遊覽船資訊
🌐 https://otaru.cc/zh/

📍 北方的華爾街

曾為北海道經濟重鎮，小樽享有「北方的華爾街」盛名，興盛期聚集了 20 多家銀行分店，文藝復興風格的石造建築氣派非凡。其中舊北海道拓殖銀行小樽支店現已改建為似鳥美術館，舊三井銀行小樽支店則展示了當時的金庫、會議室等。

📍 堺町通商店街

到小樽必訪的商店街，從北方華爾街附近的堺橋，延伸到童話十字街口約 900 公尺的街道，沿途的餐廳、咖啡廳、甜點店、紀念品店都各有特色。

$\frac{1}{2}$ 小樽堺町通商店街

$\frac{1}{2}$ 小樽玻璃製品

小樽玻璃工藝遠近馳名，大正硝子、北一硝子的幾間店鋪都非常好逛，精緻的玻璃器皿讓人愛不釋手，還能體驗製作玻璃。

我要推薦的私房景點是北一硝子三號館的咖啡廳。倉庫改建的玻璃館賣店和咖啡館，看起來烏漆抹黑的店面，讓我們差點錯過它。走進之後才讚嘆，好美好驚人！

尚未電氣化的年代，北一硝子是製作玻璃煤油燈的佼佼者。如今在石磚木樑的倉庫，完全不使用電子照明設備，北一硝子使用它最自豪的煤油燈，照亮這個空間。167 盞煤油燈掛在牆上、桌上，搖曳的火光透過玻璃煤油燈折射在店內，靜謐的空間有點神祕，充滿不思議的奇幻氣氛。

北一硝子三號館咖啡廳

小提醒，咖啡店內必須消費才能進入，店內可以拍照，但不能使用閃光燈。每日早上 10 點至 10 點半，還能觀賞點燈作業呢。

⌂ 小樽市堺町 7-26 ⏱ 10：00 ～ 18：00
🌐 https://kitaichiglass.co.jp/kitaichihall/

📍 童話十字街口

堺町通走到底的不規則岔路，周圍環繞著歐式洋房、街燈，被當地人稱為「童話十字街口」。路口豎著一座 5 公尺高的歐風蒸汽鐘，每 15 分鐘鳴響汽笛，在雪地中的景色彷彿走入童話世界一般的夢幻。蒸汽鐘旁是「小樽音樂盒堂本店」，明治時期的建築物改建，挑高的展示廳很有氣勢，展售各種造型音樂盒。

$\frac{1}{2}$ 小樽童話十字街口。小樽音樂堂本店和蒸汽鐘

1 | 2　小樽三角市場及市場內美食

📍 三角市場

　　小樽鄰近三大漁港，每天供應新鮮漁獲；想吃物美價廉的海鮮，就到小樽車站旁的三角市場，市場面積正如三角形形狀而得名。從清晨開始營業，近 20 間商店販售著北海道海產、乾貨和蔬果，豪華的帝王蟹、毛蟹、扇貝、海膽等任你挑選，除了可請店家幫忙料理，我推薦可以到「瀧波食堂」點碗自選海鮮丼。昭和 20 年創業的老店，碗裡鋪著滿滿魚料，品嚐來自大海的鮮甜滋味，除了感動還是感動呀！

瀧波食堂的海鮮丼

小樽三角市場

⛰ 北海道小樽市稻穗 3 丁目 10-16　🌐 https://otaru-sankaku.com/original.html

瀧波食堂

⛰ 北海道小樽市稻穗 3 丁目 10-16（三角市場）　🕐 8：00 ～ 17：00
🌐 https://www2.enekoshop.jp/shop/takinami/

📍 天狗山纜車

　　號稱北海道三大夜景之一的天狗山，冬天是座老少咸宜的滑雪場。搭乘纜車上山前往觀景台，小樽市區街道與蔚藍的日本海，旖旎風光盡收眼底。

🏷 纜車往返票價：大人 1,400 日元、兒童 700 日元
🌐 https://tenguyama.ckk.chuo-bus.co.jp/

美食報報

壽司

壽司通大道

　　小樽是壽司店一級戰區，市內有 100 多間店鋪，熱門漫畫「將太的壽司」的壽司店原型，就是參考當地名店小樽政壽司。壽司通大道（小樽寿司屋通り）聚集許多高評價的壽司店，我去了食べログ網站高分推薦的「八田壽司」，新鮮又美味。當地人的推薦名單還有魚真、おたる政寿司本店、小樽福鮨等。在海港城市小樽，迴轉壽司也有一定水準，推薦品嘗。

迴轉壽司八田壽司

八田寿司

⌂ 北海道小樽市山田町 1-19 ⏰ 11：00 ～ 21：00

迴轉壽司 和樂小樽店

⌂ 北海道小樽市堺町 3-1 ⏰ 11：00 ～ 22：00

🌐 https://www.waraku1.jp/shop/05/

和樂小樽店

📍若鶏時代（なると）

　　小樽名物「炸半雞」創始店，將北海道產的幼雞用胡椒與鹽醃製，再豪邁地將半隻雞肉油炸，黃褐色表皮又香又酥，雞肉多汁美味。但我覺得一個人吃完一份有點膩，最好兩人點一份，再單點壽司、炸雞塊、茶碗蒸等 share 更完美。用餐時間排隊人潮洶湧，建議避開顛峰時間前往。

炸半雞

若鶏時代なると本店

⛰ 小樽市稲穂 3 丁目 16 番 13 号 🕐 11：00 ～ 21：00

🌐 https://otaru-naruto.jp/naruto/index.html

📍出拔小路

　　小樽運河旁的「出拔小路」屋台村，仿照北海道開拓時期的復古街景，晚上點起明亮燈籠，又是不同的韻味。這是超人氣的美食街，集合 20 多間餐廳，海鮮、燒肉、拉麵、居酒屋應有盡有。模擬舊時消防塔造型的展望台，是眺望小樽運河最美的角度。

　　出拔小路中央廣場的「うだつ小僧」雕像，當季居民會隨著四季變化幫它造型變裝，冬天就圍上暖和的圍巾、耳罩，別有一番趣味。

⛰ 北海道小樽市色内 1-1 🕐 各間店鋪營業時間不定 🌐 https://otaru-denuki.com/

出拔小路

小樽出拔小路
的雕像

LeTAO 小樽洋菓子舖

LeTAO 小樽洋菓子舖總店，頂樓的展望台能眺望小樽街景

提到小樽的甜點代表絕對就是 LeTAO，命名來自「親愛的小樽之塔」的法文「La Tour Amitié Otaru」字母縮寫，以及深愛的小樽 Otaru 地名。

使用北海道鮮奶油、雞蛋等食材製作的人氣商品「雙層乳酪蛋糕」，奶香濃郁，如粉雪的輕盈口感甜美散開，是最幸福的甜蜜滋味。除了經典的原味、巧克力，冬季限定的草莓口味絕對必點。

LeTAO 的招牌甜點原味雙層乳酪蛋糕

LeTAO 在小樽市內有多間分店，推薦到堺町通商店街的 LeTAO 總店，1 樓是賣店，2 樓的咖啡廳能品嘗限定甜點，頂樓的展望台可看到小樽街景和童話十字路口。

LeTAO 小樽洋菓子舖總店

⛰ 北海道小樽市堺町 7 番 16 号 🕘 9：00 ～ 18：00（咖啡廳最後點餐 17：00）

🌐 https://www.letao.jp/

住宿推薦

OMO5 小樽 by 星野集團

OMO5 小樽飯店裝潢復古典雅

住進小樽最美的年代！星野集團的 OMO5 小樽，2022 年初新開幕，以「復古港都」為主題，飯店南館是歷史建築物「舊小樽商公會議所」改建，飯店內保留不少當時的裝潢與家具，滿滿的懷舊氣氛，復古且典雅。飯店大廳的造型音樂盒可以帶回房間，讓房客沉浸在悠揚樂音中入睡。

早餐是一大特色，以西班牙為主題，現切生火腿、西班牙烘蛋、番茄麵包、現炸吉拿棒豐富端上桌。餐點也有繽紛的壽司杯、南樽市場店家的手工家常菜，是最在地的好滋味。

飯店大廳的音樂盒可以帶回房間使用

OMO5 小樽的特色早餐

⛰ 小樽市色內 1 丁目 6-31 🌐 https://hoshinoresorts.com/ja/hotels/omo5otaru/

📍 Unwind Hotel & Bar OTARU

也是舊建築改建的飯店，飯店前身為「舊越中屋飯店」，是北海道第一間提供給外國人住宿的飯店，挑高的空間寬敞。2019 年重新開幕，是一間融合歐洲古典與現代風格的精品飯店。

Unwind Hotel Bar OTARU 客房內部

🏠 北海道小樽市色內 1-8-25 🌐 https://www.hotel-unwind.com/otaru/

📍 Dormy Inn Premium 小樽

連鎖飯店品牌 Dormy Inn 在小樽的地點非常好，就在小樽車站正對面。飯店內設有大浴場，並有許多精緻的小樽彩色玻璃燈飾，非常別緻。宵夜時間提供免費的拉麵，是 Dormy Inn 飯店的最大特色。

🏠 北海道小樽市稻穗 3-9-1 🌐 https://www.hotespa.net/hotels/otaru/

函館 Hakodate
景點推薦

五稜郭

函館朝市

うにむらかみ海膽專門餐廳函館店

La Vista函館灣酒店

幸運小丑漢堡 碼頭末廣店

幸運小丑漢堡 函館站前店

函館烏賊煎屋

舊英國領事館

函館車站

大門橫町

函館男爵俱樂部

函館世紀濱海飯店

元町公園

Petit Merveille

金森紅磚倉庫

茶房菊泉

幸運小丑漢堡 海灣地區本店

八幡坂

函館山

幸運小丑漢堡 十字街銀座店

哈利斯特斯東正教堂

大沼國定公園

沼之家

Country Kitchen WALD

Hakodate

函館是北海道南端大城，作為日本最早對外通商的港口之一，從幕府末期就有西方文化傳入，留下許多教堂與歐風建築，獨特的新舊、和洋文化並立，是當地特色。函館山夜景被封為世界三大夜景之一，車站前的函館朝市是老饕們必訪之地。

■ 觀光資訊

 函館市官方旅遊資訊網站
🌐 https://www.hakodate.travel/cht/

交通

如何抵達

飛機：台灣虎航、長榮航空有台灣出發的直飛航班，約 3.5 小時，是否有異動請參照航空公司官網。東京至函館航程約 1 小時 20 分，札幌至函館約 40 分。

火車：札幌至函館約 4 小時， 9,440 日圓

巴士：札幌至函館約 5.5 小時， 4,900 日圓

函館市內交通

在函館旅遊，利用公車和市電（路面電車）就能跑遍各大景點。公車與市電都有一日券，或是公車＋市電共通的一日、兩日票券。購買票券後自行刮開錫箔覆蓋的日期，使用期間內能無限制搭乘公車或市電。在函館車站的觀光諮詢處、函館機場以及部分飯店櫃台可以購買。

公車有條觀光路線：**元町‧海岸地區周遊號**，從車站前出發，停靠函館朝市、金森紅磚倉庫、函館山纜車站、元町等，等於涵蓋所有熱門觀光景點，非常便利。可以使用公車一日券或是公車＋市電的共通券。元町‧海岸地區周遊號每次搭乘為 210 日圓，如果計畫 4 個景點以上，購買一日券會比較划算喔。

元町‧海岸地區周遊號

‧元町‧海岸地區周遊號停靠站牌與時刻表

https://www.navitime.co.jp/bus/company/00001210/route/00053636/

函館市電

函館市電是主要大眾運輸工具

可愛的車廂穿梭在市中心，函館市電已經成為函館風景的一部分。班次密集，6-12 分鐘一班，路線涵蓋湯之川、五稜郭、函館車站等地，不過要注意有些站牌和景點之間有些距離，到函館山纜車站也得走一段上坡路。

成人票票價介於 210 到 260 日圓之間，計畫跑 3 個以上景點購買一日券（600 日圓）比較划算喔。

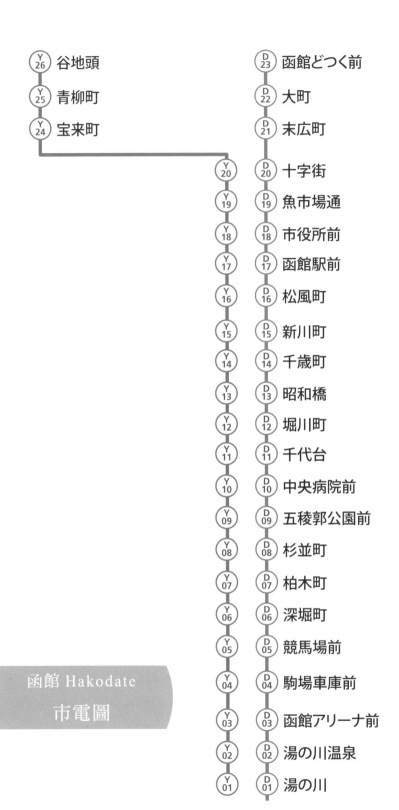

Y26 谷地頭	D23 函館どつく前
Y25 青柳町	D22 大町
Y24 宝来町	D21 末広町
Y20	D20 十字街
Y19	D19 魚市場通
Y18	D18 市役所前
Y17	D17 函館駅前
Y16	D16 松風町
Y15	D15 新川町
Y14	D14 千歳町
Y13	D13 昭和橋
Y12	D12 堀川町
Y11	D11 千代台
Y10	D10 中央病院前
Y09	D09 五稜郭公園前
Y08	D08 杉並町
Y07	D07 柏木町
Y06	D06 深堀町
Y05	D05 競馬場前
Y04	D04 駒場車庫前
Y03	D03 函館アリーナ前
Y02	D02 湯の川温泉
Y01	D01 湯の川

函館 Hakodate 市電圖

必訪景點推薦

📍 五稜郭

五稜郭公園

五稜郭塔

　　五角星形狀的城廓是函館地標，也是日本百大名城，是日本最大的城廓建築。公園正中央為箱館奉行所（武士值勤用的行政機關），遊客能登上五稜郭塔，飽覽城廓風景。塔上並以圖片和模型呈現五稜郭歷史。別忘了到五稜郭塔二樓，品嘗百年名店——五島軒的咖哩飯。

　　12 月～ 2 月冬季夜晚的點燈活動「五稜星之夢」，2 千多顆燈泡將五稜郭公園裝飾得繽紛多彩，非常夢幻。

五稜郭塔上模型
呈現五稜郭歷史

⛰ 函館市五稜郭町 43-9 🚌 市電「五稜郭公園前」步行約 15 分，函館巴士「五稜郭公園入口」下車步行約 7 分、「五稜郭塔前」步行約 1 分 🕐 公園全年無休。五稜郭塔 9：00 ～ 18：00 🌐 https://www.goryokaku-tower.co.jp/cht/

📍 金森紅磚倉庫

　　紅磚牆的倉庫爬滿藤蔓，明治時代建立的金森倉庫曾是
函館港的儲貨區，現在改建為餐廳、商店、展覽空間等，
搖身一變成為函館最夯的打卡景點，好逛好吃又好買。在
此眺望港口景色，白天夜晚都迷人。每年 12 月聖誕燈節
期間架起璀璨輝煌的巨大聖誕樹，聖誕市集、煙火施放、
藝人表演等活動，吸引大批遊客。

函館聖誕夢幻節介紹請見 119 頁

金森紅磚倉庫

🏠 函館市末廣町 14 番 12 號 🚃 元町·海岸地區周遊號「金森洋物館·BAY 函
館前」 🌐 https://hakodate-kanemori.com/tw

八幡坂

元町散策、八幡坂

面向海灣的函館山山坡，有多座 19 世紀傳教士建立的教堂。英國傳教士建立的聖約翰教堂（函館聖ヨハネ教会），四面或從天空俯視，都是巨大的十字架造型，很特別。哈利斯特斯東正教堂原先是由俄羅斯領事館的附屬教堂，也是日本第一座東正教教堂，淡綠色的屋頂散發莊嚴神秘氣氛，被列為指定重要文化財。

哈利斯特斯東正教堂

元町公園的旅遊服務中心也是參觀景點，1909 年落成的北海道廳的函館支廳，古典建築充滿浪漫氣息。公園另一側，是 19 世紀末期啟用的舊英國領事館，現為函館市的歷史紀念建築之一。二樓的展示間內重現領事執行勤務的情景，以及函館從開港逐步迎接西洋文化的過程。大廳地面繪製當時的世界地圖和航路圖，從樓上俯瞰相當有氣勢。一樓的茶室裝飾著英國古董家具，不妨在此歇腳，享受美味下午茶。

元町公園內的旅遊服務中心

舊英國領事館

　我特別喜愛在元町一帶的坂道散步（坂道，日語的坡道之意）。二十間坂、大三坂、基坂，又以八幡坂最出名。石板路兩側是綠樹，一路延伸到海灣，冬季覆蓋著積雪，寧靜無聲的世界，美得令人屏息。號稱函館最美街道，也是多部日劇和電影的取景地。

八幡坂

　🏛 函館市末広町 🚌 市電「末廣町」步行約 1 分 🌐 https://www.hakobura.jp/db/db-view/2010/09/post-17.html

📍函館山夜景

函館夜景被評選為「米其林三星景點」，但美麗夜景可遇不可求，務必先查詢天氣預報，挑選晴朗的天氣來看夜景，能見度才好。山下纜車站有即時影像轉播山頂實況，作為是否購票上山的參考。看夜景最佳的時間，是傍晚先上山，從黃昏到華燈初上的這段時間最迷人。當我看到函館市區的街燈就像點點散落的水晶，在海灣中綻放柔和的光芒，美的讓人心醉。如有充裕的時間，也可以安排在山頂餐廳用餐，享受浪漫時刻。

- 持函館市電 1、2 日券，購買纜車票享 9 折。

函館夜景

🏔️函館市函館山 🚋市電「十字街站」步行約 10 分，元町‧海岸地區周遊號「纜車前」步行約 1 分 🕐纜車營業時間：4 月底到 10 月中 10：00 ～ 22：00，10 月中到隔年 4 月 10：00 ～ 21：00 🌐 https://334.co.jp/cht/，日本氣象廳網站：https://www.data.jma.go.jp/multi/index.html?lang=cn_zt

📍 函館朝市

函館朝市

　像我一樣喜愛海鮮的朋友，一定要來函館朝市，攤位上擺滿肥美的螃蟹、扇貝、海膽等新鮮漁獲，讓人垂涎三尺。蓋飯橫丁市場聚集 20 多間餐廳，點一碗海鮮蓋飯，滿滿的舖上甜蝦、鮭魚卵、生魚片，澎湃又美味，吃完還想再來一碗。きくよ食堂號稱是函館巴丼（海膽、干貝、鮭魚卵蓋飯）的發源店，多年來維持平實價格。

　我的愛店是市場內的うにむらかみ函館本店，無添加的海膽甜美無比，是我每次到函館的必吃，而且是每天都要來一碗！在函館朝市內還能體驗釣烏賊，現釣現殺現吃，鮮度百分百！

現釣烏賊

📍 函館市若松町 9-19 🚌 函館車站步行
約 1 分 🕐 各店家營業時間不同
🌐 https://asaichi-ekini.com/

函館朝市裡的蓋飯橫丁

📍 大沼國定公園

在函館想要進行雪地活動，就到大沼公園。周圍環繞著秀麗山脈、湖泊和森林，能進行多種戶外運動：遊船、泛舟、單車、散步、露營。冬季遊船停駛，在結冰的湖面上體驗冰上釣魚，戲雪玩冰，別有趣味。

如果攜帶大件行李，可到車站旁的觀光服務處付費寄放，能寄放體積較大的行李箱。車站前有許多自行車租借店，對面是糯米糰子老店「沼之家」，推薦綜合口味，一次吃到芝麻和醬油糰子美味。「Country Kitchen WALD」餐廳能品嘗著名的大沼牛牛排，粗曠的燒烤風味與軟嫩多汁的口感，很銷魂。

大沼國定公園
📍 龜田郡七飯町
🚌 JR「大沼公園站」
🌐 https://onumakouen.com/zh-hant/
沼之家
📍 龜田郡七飯町大沼町 145
🕐 8：30 ～ 18：00
Country Kitchen WALD
📍 龜田郡七飯町字大沼町 301-3 🕐 11：00 ～ 14：00，17：00 ～ 21：00

📍 大門橫町

大門橫町

打開函館夜生活的大門—別想歪，這裡是北海道最大的屋台村，就像台灣的夜市一樣，集結 26 間餐廳美食，拉麵、串燒、燒肉、關東煮、居酒屋全都有。傍晚開始營業，越晚越熱鬧。我去過其中幾間店很喜歡：地圖編號 15「箱舘バル」，使用森町 SPF 豬肉的串燒，每串只要 400 日圓，必點厚切豬肉串，口感紮實，表面焦香又多汁。地圖 3 的「わいどのおでん」，提供熱騰騰的關東煮和鐵板燒。龍鳳的鹽味拉麵也是很多網友推薦必吃。

箱舘バル的烤豬肉串

🏠 函館市松風町 7-5 🚌 函館車站步行約 7 分
🕐 各店家營業時間不同 🌐 https://www.hakodate-yatai.com/

美食報報

📍 幸運小丑漢堡（Lucky Pierrot）

幸運小丑漢堡

　　小丑漢堡在函館，就像丹丹漢堡在南台灣一樣的霸主，還多次獲得日本最好吃漢堡獎項。在函館當地有近 20 間分店，每間店都有不同的設計主題。除了分量紮實的平價漢堡，罐裝小丑汽水、漢堡餅乾等都是很受歡迎的伴手禮。

🌐 https://luckypierrot.jp/ch/

📍 Petit Merveille

　　最愛的函館甜點店就是它，Petit Merveille 招牌甜點起士蛋糕，曾獲得國際性的世界食品大賞連續 7 年金賞，南瓜布丁則是連續 6 年獲得金賞。使用北海道精選食材、歐洲 Cream cheese 製作的起司蛋糕，鬆軟綿密，香甜又帶有一絲絲酸度，入口即化的輕盈口感，讓人一吃就愛上。

🏠 函館市末廣町 10-18　🕘 9：30 ～ 20：00　🌐 https://www.petite-merveille.jp/

📍 茶房菊泉

　　元町地區很有特色的喫茶店，百年老屋改建，內部也保留舊時的裝潢，拍起照相當有味道。店家貼心的準備了中文菜單，豆腐冰淇淋是招牌，冬季限定的「冬天聖代」加入溫熱的番薯泥與紅豆泥，下雪的天氣吃一客聖代也沒問題。

🏠 函館市元町 14-5　🚋 市電「末廣町」步行約 7 分　🕘 10：00 ～ 17：00 （週四公休）
🌐 https://www.hakobura.jp/db/db-food/2010/01/post-161.html

うにむらかみ海膽專門餐廳

うにむらかみ海膽專門餐廳

到うにむらかみ（Uni Murakami）吃一碗海膽蓋飯，是我的函館定番行程。うにむらかみ是日本唯一由海膽加工廠直營的餐廳，本店在函館，札幌也有分店。

新鮮海膽常加入明礬保持鮮度和外觀完整，但會破壞海膽細緻風味，甚至出現苦味和藥水味。うにむらかみ使用無添加的海膽，才能吃出鮮甜原味。除了海膽蓋飯，也推薦烤海膽，多了一股焦香氣息，香氣與甜味更濃縮集中。

函館市大手町 22-1 ⏱ 8：30 ～ 14：30，17：00 ～ 21：30
🌐 https://www.uni-murakami.com/

長谷川商店的烤雞肉串

到便利商店吃串燒！長谷川商店是函館當地連鎖便利商店，招牌的烤雞肉串，其實是豬肉串，現點現烤做成便當，堪稱 B 級美食之王。我自己覺得烤肉串調味偏鹹，比起單點，選擇有附白飯的便當更適合。

🌐 https://www.hasesuto.co.jp/

比臉大的函館烏賊煎餅

函館烏賊煎屋

函館いか煎屋在函館車站內、金森紅磚倉庫都有分店，整隻新鮮烏賊與麵糊，在鐵板上壓製成比臉還大的薄脆煎餅！又熱又香又酥脆，是品嘗函館烏賊的不同體驗方式。

北海道函館市若松町 12-13（函館車站內）⏱ 10：30 ～ 17：30

住宿推薦

📍 函館世紀濱海飯店

2019 年開幕，設備裝潢摩登新穎，飯店頂樓設有露天溫泉，展望風呂與休息室視野超棒。自助式早餐有超過 150 種以上料理。飯店內設置枕頭吧、香氛吧，讓房客選擇喜愛的枕頭款式和香氛精油，提供更舒適的睡眠環境。

飯店頂樓休息室視野極佳

🏠 北海道函館市大手町 22 番 13 号 🌐 https://www.centurymarina.com/

📍 La Vista 函館灣酒店

連續兩午獲得日本最佳飯店早餐第一名，北海道新鮮的漁獲、蔬菜擺滿桌，推薦必選含早餐的住宿方案。酒店內 6 種房型重現大正時期復古浪漫風格，部分房間可觀賞函館灣海景。

🏠 北海道函館市豐川町 12-6 🌐 https://www.hotespa.net/hotels/lahakodate/

函館男爵俱樂部公寓型酒店

📍 函館男爵俱樂部

公寓型酒店，房型設計有客廳、臥室、廚房、陽台，旅行途中也能享有在家中的悠閒與放鬆舒適。函館朝市就在隔壁，房間內餐具廚具一應俱全，如果旅伴是位料理高手，到朝市採買再回飯店煮個螃蟹火鍋、海鮮大餐，棒呆了。

🏠 北海道函館市大手町 22-10 🌐 https://danshaku-club.com/

旭川 Asahikawa
景點推薦

男山酒造資料館 📷

日本醬油工業專賣店 📷

福吉咖啡旭橋本店 🍴

平和通買物公園 📷

OMO7旭川by星野集團 Ⓗ

燒鳥專門ぎんねこ(GINNEKO) 🍴

成吉思汗大黑屋 🍴

旭川車站 🚌

珈琲亭ちろる(Tirol) 🍴

青葉拉麵 🍴

旭川永安國際飯店 Ⓗ

旭山動物園 📷

旭川車站 🚌

旭川
Asahikawa

位在北海道中心地帶，是僅次於札幌的北海道第二大城，以豐富美食、文化藝術、原木家具等聞名。大人氣的旭山動物園也在此。每年二月舉辦的旭川冬祭，更吸引許多觀光客造訪。

觀光資訊

旭川觀光協會
🌐 https://www.atca.jp/

交通

如何抵達

飛機：台灣不定時有航班直航旭川機場。

火車：札幌至旭川約 1 小時 25 分鐘，5,220 日圓

巴士：札幌至旭川約 2 小時 5 分鐘， 2,300 日圓

旭川市內交通

旭川市內的交通主要靠電氣軌道巴士，在旭川車站前搭乘，有至旭川機場、旭山動物園等路線。如果會去比較多景點，可規劃購買一日票或兩日票。

	成人	兒童
一日票	1,200 日圓	600 日圓
二日票	1,800 日圓	9,00 日圓

必訪景點推薦

📍 平和通買物公園

旭川車站正對面，是旭川最熱鬧的購物街，也是日本最早規劃的行人徒步區。琳瑯滿目的服飾、生活用品、電器、雜貨商店，以及美味的餐廳、咖啡廳、居酒屋等，非常好逛。旭川冬祭期間掛上旖旎燈飾、冰雕展示等，營造熱鬧慶典氣氛。

平和通買物公園

🏔 從旭川車站前延伸至常磐公園 🌐 https://www.kaimonokouen.com/

📍 男山酒造資料館

旭川地酒代表首推「男山酒造」，以大雪山伏流水釀造的清酒，口感清冽，曾在日本全國新酒評鑑中獲獎。資料館為免費參觀，展示過去的釀酒工具、並以浮世繪作品描述釀酒歷史，當然館內也少不了清酒品飲囉。

每年二月的第二個星期日開放酒造（10：00-15：00之間），讓民眾品嘗剛釀好的清酒，是男山酒造的年度盛事。

🏔 北海道旭川市永山2条7丁目1番33号 🕐 9：00～17：00（12/31、1/1 − 1/3公休）
🌐 https://www.otokoyama.com/cn/

📍日本醬油工業專賣店

　　旭川醬油拉麵聞名全日本，當地有 70 多年歷史的醬油老舖「日本醬油工業」，距離旭川車站不遠，外觀是古樸的木造建築物，很有歷史感。釀製醬油的麴、酵母，都是店鋪自己培育的。店內展售各種醬油，大多是使用北海道物產製作，例如洋蔥、扇貝、紫蘇醬油等，店內提供試吃品嘗。

　　熱銷 No.1 的海膽醬油（雲丹醬油），曾獲得日本調味品大賽第一名、日本最佳伴手禮北海道賞。濃郁的海膽鮮味非常有深度，淋在白飯、冷豆腐上都好吃。一瓶在手，等於把北海道的海膽打包帶回家，難怪會是人氣伴手禮。

　　海膽醬油分為基本款的黑瓶，白瓶是蒸過的海膽製作，金瓶是無添加化學物質的版本。

　　⛩ 北海道旭川市曙 1 条 1 丁目 302 番 🕐 10：00 ～ 17：30
　　🌐 https://kikko-nihon.com/

📍旭山動物園

　　馳名國際的旭山動物園，獨特的「行動展示」，打造與動物原本棲息地相同的環境，減輕動物們的壓力。

　　冬季限定的「企鵝散步」無疑是參觀重點，每日 11：00、14：30 兩個場次，請提前卡位才能有「企鵝景第一排」的好位子。看著圓滾滾的企鵝踩著小腳丫，搖搖晃晃在鋪著雪的步道散步，忍不住大喊卡哇伊！偶爾會有尚未褪毛的企鵝寶寶，毛茸茸的外觀像奇異果一樣，很逗趣。

旭山動物園

旭山動物園北極熊

此外還有北極熊、海豹、雪鴞、丹頂鶴，都是北國特有的動物，可以近距離觀察動物活動的姿態。夏天以及冬天旭川冬祭期間晚上會延長營業。

旭山動物園企鵝散步

⌂ 旭川市東旭川町倉沼 🚌 旭川車站前 6 號月台搭乘巴士「旭山動物園線 41 號」或「旭山動物園線 47 號」，約 40 分鐘 🕐 冬季：11 月中到隔年 4 月初 10：30 ～ 15：30（最後入園 15：00）、夏季：4 月底到 10 月中 9：30 ～ 17：15（最後入園 16：00）10 月中到 11 月底 9：30 ～ 16：30（最後入園 16：00）（公休日請見官網）🏷 成人 1,000 日圓，中學生以下免費 🌐 https://www.city.asahikawa.hokkaido.jp/asahiyamazoo/index.html

青葉拉麵

旭川是北海道拉麵的一級戰區，70多年歷史的青葉拉麵很受到當地人喜愛。位在旭川車站附近，以豬骨和雞骨熬煮的高湯，再加入利尻昆布、柴魚、魚乾，有豚骨湯頭的濃郁風味又不油膩，並散發海鮮甘甜味，深奧富餘韻的湯頭讓人上癮。還有拉麵料理包可外帶。

旭川美食青葉拉麵

旭川市2条8丁目2条ビル名店街 09：30～14：00，15：00～17：30
https://www.5b.biglobe.ne.jp/~aoba1948/

成吉思汗大黑屋

不只旭川當地、是整個北海道知名的成吉思汗烤肉餐廳。大黑屋的羊肉沒有醃製，更能吃出羊肉本身的鮮甜味，推薦必點生ラムジンギスカン（生羊肉成吉思汗），新鮮又有紮實口感；厚切りラック（帶骨厚切羊排）也是絕好。無限供應蔬菜盤這點我給分，旅人好需要補充蔬菜纖維啊。

1 | 2
　 | 3
旭川美食
成吉思汗
大黑屋

北海道旭川市4条通5丁目34仲通 17：00～23：30（不定休）
https://daikoku-jgs.com/

🔎 燒鳥專門ぎんねこ（GINNEKO）

旭川特色美食「新子燒」，指的是燒烤半隻嫩雞，將 6 周大的幼雞，烤的酥酥嫩嫩的，再刷上店家的特製醬汁。推薦半鹽味半醬味，兼具清爽與濃郁的風味。我的心得是一個人吃完一份會太撐，最好約上朋友，再點幾份串燒小酌一番，非常愜意。燒鳥專門ぎんねこ所在的五條通 7 町目，被暱稱為「5.7 小路」，是一條保留著昭和氣氛的美食街，有許多居酒屋、燒烤、拉麵店等，越晚越熱鬧，是旭川用餐的好地方。

旭川的美食街，
5.7 小路

🏠 北海道旭川市五条通 7 右 65・7 小路ふらりーと ⏰ 13：00 ～ 22：00
（週一公休）🌐 https://www.ginneko.co.jp/

新子燒

福吉咖啡旭橋本店

福吉拿鐵和旭橋燒

🔎 福吉咖啡旭橋本店

由大正 14 年（西元 1918 年）建立的舊北島麵粉廠改建而成的咖啡廳，軟石外牆、木格窗是當時建築特色，有著濃厚復古風情。

由旭川市老舖「福居製餡所」、茶舖「吉川園」兩間店聯手出擊，抹茶飲品與甜點都有極高水準。必點甜點「トキワ燒き」，或暱稱為「旭橋燒」，形狀像旭川地標「旭橋」的流線造型，內餡口味鹹甜都有。招牌飲品「福吉拿鐵」，是美瑛紅豆、北海道牛乳、現磨抹茶的特調飲品，好喝也好拍。

🏠 旭川市常盤通 2 丁目 1970 ⏰ 10：00 ～ 16：00 🌐 https://www.fukuyoshicafe.com/

珈琲亭ちろる（Tirol）

　　創立於 1939 年，珈琲亭ちろる是旭
川歷史最悠久的咖啡店，也是三浦綾
子的小説「冰點」的場景。紅磚牆爬
滿藤蔓，店內的木製桌椅、壁爐，散
發復古懷舊的氣氛。店家講究的使用
自家烘焙的咖啡豆，很推薦甜點鐵鍋
鬆餅。也有供應早餐。

　⛰ 北海道旭川市 3 条通 8 丁目左 7
　🕐 08：30 ～ 18：00，週日公休
　🌐 http://cafe-tirol.com/

人氣甜點
鐵鍋鬆餅

住宿推薦

旭川永安國際飯店

旭川永安國際飯店

　　穿越旭川車站前方的廣場
就是旭川永安國際飯店，過
個馬路就到 AEON 購物中心，
交通購物都方便。設計風格
為深色的木質與灰色調，是
間小巧精緻的商務飯店。

⛰ 北海道旭川市宮下通 7 丁目
3112 🌐 https://www.hotelwing.
co.jp/asahikawa/

住宿推薦

♀ OMO7 旭川 by 星野集團

　　融入當地文化的飯店，提供房客發掘當地城市樂趣的主題行程，跟著 OMO Ranger 嚮導走訪特色美食店家、手作體驗。飯店還有以旭山動物園的明星－北極熊、企鵝與棕熊為主題的客房。

OMO7 旭川 by 星野集團（左）北極熊主題房（右）企鵝主題房

　　冬季期間提供多項滑雪服務，例如旭川市周邊的滑雪場接駁、滑雪打蠟設備等。也是前往星野 Tomamu 渡假村、富良野滑雪場的北海道滑雪巴士的停靠站。

旭川市周邊的滑雪場接駁

🏠 北海道旭川市 6 条通 9 丁目 🌐 https://omo-hotels.com/asahikawa/zh-tw/

阿寒國際丹頂鶴中心

釧路市動物園

釧路濕原
展望台

釧路市丹頂鶴
自然公園

旭川車站

釧路市立博物館

釧路車站

和商市場

露櫻酒店釧路站前店

釧路王子大飯店

居酒屋
くし炉あぶり家

爐端燒煉瓦

炉ばた

鳥松

鳥善

MOO漁人碼頭、EGG植物園

幣舞橋

釧路
Kushiro

北海道第四大城，市內景點雖不多，但作為道東交通樞紐，適合以此為據點前往網走、阿寒、摩周地區旅遊。

號稱霧都，一年有三分之一的時間籠罩在霧氣中；但秋冬季晴天機率比夏天高，更容易看到「世界三大夕陽」的日落美景。是北海道最大漁港，有各種美味的新鮮漁獲，來到這推薦品嘗發源於釧路的爐端燒。

釧路過往溫度參考：

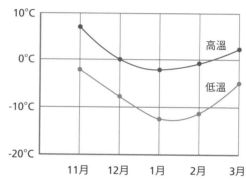

■ 觀光資訊

釧路觀光資訊網站
🌐 https://tw.kushiro-lakeakan.com/

■ 交通

如何抵達

飛機：東京至釧路約 95 分，札幌至釧路約 45 分

火車：札幌至釧路約 4 小時，9,990 日圓

巴士：札幌至釧路約 5 小時，5,880 日圓

必訪景點推薦

📍幣舞橋

釧路的日落有「世界三大夕陽」美名，最佳觀賞地點在市中心的幣舞橋。幣舞橋是釧路川最下游的橋樑，從橋上眺望河流出海口，落日餘暉將海面染上多變色彩，美的讓人屏息。

我特別喜愛河岸旁的整排古典街燈，營造出如歐洲小鎮的浪漫氣息。橋上有象徵春夏秋冬的四座青銅雕像，當夕陽映著雕像剪影，是攝影師最愛捕捉的美景。冬天日照短，日落時間約在 4～5 點之間。

📍MOO 漁人碼頭、EGG 植物園

釧路川旁的購物商場，有海鮮市場與餐廳、伴手禮和物產店，以及港の屋台，河岸的大排檔。旁邊的圓形玻璃建築物是 EGG 植物園，取名自 EVER GREEN GARDEN，玻璃屋頂灑落溫暖陽光，是四季如春、綠意盎然的溫室。週末不定時舉辦音樂會。

MOO 漁人碼頭

EGG 植物園

🏠釧路市錦町 2-4 🚌釧路車站步行約 15 分 🕐 MOO 漁人碼頭 10：00～19：00，7 月－8 月 9：00～19：00，餐廳營業時間依店家不同、EGG 植物園 4 月－10 月 6：00～22：00，11 月－3 月 7：00～22：00 🌐 https://www.moo946.com/lang-tw/

和商市場

和商市場

　北海道三大市場，釧路必遊景點。
販售種類繁多的生鮮海產，也有生魚
片、烤魚等生熟食，是我心中的美食
寶庫。

　必吃「勝手丼」，店家將魚肉、螃
蟹、鮭魚卵等做成小份量，展示在攤
位上並標示價錢；先買一碗白飯，再
到攤位選購想吃的海鮮配料加上去，
豐儉由人，海鮮控絕對大滿足。推薦
必嘗喜知次魚、花咲蟹，在台灣是豪
華食材，在產地道東的價格則是無比
划算，冬季更美味呢。省錢小撇步，
和商市場官網有 9 折券（需下載列
印），部分販售勝手丼白飯、配料的
商店可使用。

折價券網頁
🌐 https://www.washoichiba.
com/html/kattedon.html

⛰ 釧路市黒金町 13-25 🚌 釧路車站步行
約 5 分 🕗 8：00 ～ 17：00，週日公休
🌐 https://www.washoichiba.com/

勝手丼點餐流程

1

先買一碗白飯或醋飯，有大中小的份量，約 100-400 日圓。

2

購買食材，店員會放在白飯上，打造一碗專屬於你的勝手丼。

3

和商市場內有用餐的座位區，找個空位就能大快朵頤啦！

■ 釧路旅遊票券

景點優惠套票「濕原 55 Pass」，售價 1,030 日圓，5 天內可參觀 5 個指定景點。如會去超過 3 個以上的景點，推薦購買。

- ・釧路市動物園
- ・釧路市立博物館
- ・丹頂鶴自然公園
- ・阿寒國際鶴中心
- ・釧路市濕原展望台

釧路景點優惠套票「濕原 55 Pass」

釧路車站

購買地點

釧路車站與釧路機場的觀光詢問處、阿寒巴士釧路站、MOO 漁人碼頭、釧路王子大飯店、WBF 釧路酒店

美食報報

　　釧路的代表美食，除了和商市場勝手丼，還有爐端燒（請見 237 頁），以及北海道炸雞。

📍 鳥松＆鳥善

元祖店鳥松的炸雞

鳥善的炸雞

元祖店鳥松

　　我去過元祖店鳥松，以及鳥松學徒出來開店的鳥善。鳥松的炸雞炸得比較焦酥，但仍軟嫩多汁，醃過的雞肉很入味，直接吃或沾醬汁都美味。鳥善的金黃色炸雞，熱騰騰的酥脆口感，沾著胡椒粉醬汁吃。

鳥松　　📌 北海道釧路市栄町 3-1　🕐 17：00 ～ 00：30，週日公休

鳥善　　📌 北海道釧路市栄町 2-15 サンプラザビル 1F　🕐 17：00 ～ 23：00，不定休

⚡ 北海道冷知識

北海道炸雞「ザンギ（zangi）」和普通日式炸雞不同，雞肉先醃漬再油炸，炸粉裹的薄，口感酥嫩又入味。發源地在釧路「鳥松」餐廳，老闆將整隻雞分切、調味後油炸，再沾上特製醬汁，大受好評而一炮而紅。要幫這道菜命名時，取名炸雞與中文幸運「運」字的發音，變成 zangi 啦。北海道炸雞太受歡迎，也衍生出炸章魚的吃法呢。

住宿推薦

📍 釧路王子大飯店

　　擁有絕佳景觀的飯店，客房與頂樓餐廳都能欣賞海景，甚至躺在房間就能看到釧路夕陽絕景呢。飯店有洗衣間，使用北海道食材的自助式早餐很受歡迎。交通的部分，為阿寒觀光巴士停靠站之一，步行可到幣舞橋、MOO 漁人碼頭、和商市場。

1 | 2 / 3　釧路王子大飯店及窗外風景

🏠 北海道釧路市幸町 7-1 🚋 釧路車站步行約 10 分。冬天路面積雪，建議可搭計程車，約 500 ～ 600 日圓 🌐 https://www.princehotels.com/kushiro/zh-hant/

📍 露櫻酒店釧路站前店

　　釧路車站對面的商務飯店，有大浴場可泡澡。

🏠 北海道釧路市北大通 13-2-10 🚋 釧路車站步行約 1 分 🌐 https://www.route-inn.co.jp/hotel_list/hokkaido/index_hotel_id_242/

摩周・阿寒
Mashu・Akan
景點推薦

屈斜路湖.砂湯 📷

📷 硫磺山

📷 摩周湖

摩周第一展望台 📷

摩周車站 🚌

📷 阿寒湖溫泉

📷 鶴居市街

📷 鶴見台

🚌 塘路車站

阿寒國際丹頂鶴中心 📷

📷 細岡展望台

釧路市丹頂鶴自然公園 📷

📷 釧路濕原展望台

🚌 釧路車站

摩周・阿寒
Mashu・Akan

阿寒巴士也有幾條路線巴士前往熱門景點，但班次不多，若想一天多跑幾個景點，除了自駕，還是觀光巴士省時省力囉。

■ 觀光資訊

 阿寒巴士觀光景點巴士路線圖
🌐 https://www.akanbus.co.jp/destinations/

熱門景點路線

前往摩周湖

・摩周線（摩周車站⇔摩周湖第 1 展望台）

前往川湯溫泉

・川湯線（川湯溫泉車站⇔川湯溫泉街）

前往釧路機場、丹頂鶴自然公園、阿寒國際鶴中心、阿寒湖

・阿寒線（釧路⇔釧路機場⇔鶴公園⇔阿寒町⇔丹頂の里⇔阿寒湖溫泉）

・丹頂鶴自然公園：在鶴公園下車

・阿寒國際鶴中心：在丹頂の里下車

前往鶴見台

・鶴居線（釧路車站⇔濕原展望台⇔鶴見台⇔鶴居市街）

White Pirika 號ホワイトピリカ号 一天玩遍道東三大湖

・如果時間只夠參加一個行程，就是它了，一天玩遍阿寒湖、摩周湖與屈斜路湖！回程可選擇在釧路市區、阿寒湖或釧路機場下車，行程安排更具彈性。在阿寒湖溫泉下車，會直送到入住飯店。

行程網址
🌐 https://www.akanbus.co.jp/foreign/zh-TW/sightse/w01/

行程時間： 9.5 小時	
釧路車站	釧路站前巴士總站（JR 釧路站旁） 8：30 出發
MOO 漁人碼頭	8：35 出發
釧路王子大飯店	8：38 出發
鶴見台	下車參觀，20 分鐘
屈斜路湖‧砂湯	下車參觀，20 分鐘
硫磺山	下車參觀，0 分鐘
弟子屈町內	午餐，55 分鐘
摩周湖第一展望台	下車參觀，30 分鐘
阿寒湖溫泉	15：15 抵達自由參觀時間 60 分鐘 下車停靠站
釧路機場	下車停靠站，17：15 抵達
釧路車站	下車停靠站，17：55 抵達
MOO 漁人碼頭	下車停靠站，17：59 抵達
釧路王子大飯店	下車停靠站，18：00 抵達

價格	成人	兒童
釧路車站～釧路車站	6,000 日圓	3,680 日圓
釧路車站～釧路機場	5,700 日圓	3,530 日圓
釧路車站～阿寒湖溫泉	4,700 日圓	3,030 日圓

📍 鶴見台

鶴居村是丹頂鶴的重要觀察點，每日兩次的餵食時間聚集了上百隻鶴群。只以木籬隔開鶴群與人，能無隔閡的欣賞丹頂鶴在雪原中的翩然姿態。

📍 屈斜路湖・砂湯

屈斜路湖是日本最大的火口湖，湖畔有溫泉，地熱吸引天鵝前來避冬，沉靜祥和的畫面，讓冬天的景色更為迷人。也能泡個暖呼呼的足湯。

📍 硫磺山

是座活火山，由火山活動造成的地形景觀非常壯觀。空氣中飄著硫磺味，崎嶇的硫磺礦床噴發著陣陣煙霧與熱氣，冬天覆蓋著積雪讓景色更為奇幻。遊客中心販售的溫泉蛋、溫泉玉米推薦一試。

摩周湖

北海道最神秘的湖泊，常被雲霧環繞，有「霧之舞台」稱號。很多人多次前往，都殘念的無法一覽全貌，也衍生傳說，例如情侶一起來會分手、如果看到清晰的湖面就會晚婚等。但陽光下閃亮的湖水，就像美麗的藍寶石，被稱為「摩周湖藍」，神祕且魅惑。

在第一展望台的商店，有美味的弟子屈拉麵，和以摩周湖水製作的霜淇淋，摩周 Blue 口味是招牌。

阿寒湖溫泉

北海道熱門的溫泉勝地，可以泡個湯，或是參與阿寒冰上嘉年華，有很多雪地玩樂設施。詳見 140 頁。

丹頂鶴號巴士 冬のたんちょう号 近距離直擊丹頂鶴之美

丹頂鶴皎白的羽毛、頂上一抹朱紅色，被愛努人稱為「濕原之神」，是吉祥的象徵。過去一度瀕臨絕種，經過努力的保育和復育，目前有 1 千多隻的野生鶴群數量。釧路溼原是丹頂鶴的主要棲息地，春夏季節藏身在濕原深處，冬天為了覓食才會靠近人類居住的地方，也是能直擊丹頂鶴的最佳季節。

行程前往幾個丹頂鶴觀察場地，回程可在塘路站銜接 SL 濕原號蒸汽火車，一趟旅程雙重體驗。此行程在 2022/23 冬天暫停提供，欲觀賞丹頂鶴可另行規劃搭乘（參考 98 頁交通）。

行程網址
🌐 https://www.akanbus.co.jp/foreign/zh-TW/sightse/w02/

行程時間：7 小時 10 分鐘	
釧路車站	釧路站前巴士總站（JR 釧路站旁）8：50 出發
MOO 漁人碼頭	8：55 出發
釧路王子大飯店	8：58 出發
丹頂鶴自然公園	下車參觀，20 分鐘
阿寒國際鶴中心	下車參觀，60 分鐘
山花溫泉	午餐，55 分鐘
釧路溼原展望台	下車參觀，20 分鐘
塘路車站	下車停靠站，14:20 抵達
細岡展望台	下車參觀，30 分鐘
釧路車站	下車停靠站，15：55 抵達
MOO 漁人碼頭	下車停靠站，15：59 抵達
釧路王子大飯店	下車停靠站，16：00 抵達

價格	成人	兒童
釧路～釧路	4,000 日圓	1,500 日圓
釧路～塘路	3,300 日圓	1,150 日圓

丹頂鶴自然公園

　　以保護和復育為目標，園區內放養 10 多隻丹頂鶴。一年四季都能欣賞，並是幾個觀賞點裡和丹頂鶴最近距離的。園區細心的在鐵絲網圍籬上作了小窗口，讓遊客盡情拍攝。沿途有圖文並茂的指示牌介紹丹頂鶴的生態習性，中文版是由台北木柵動物園協助翻譯的呢。

丹頂鶴自然公園

$\frac{1}{2}$ 鐵絲圍籬有拍照的小窗口

阿寒國際鶴中心

　　復育丹頂鶴最重要的地點。原先是當地居民以玉米餵養居住在濕原內的丹頂鶴，久而久之聚集了鶴群，遂規劃為保育區，並成立研究中心。

　　館內展示許多丹頂鶴的文件與影像，11 月－3 月在後方的飼育場進行餵食，也是最佳拍攝地點。銀白雪地中，丹頂鶴從容漫步，偶爾有幾隻從空中盤旋落下，美得讓人屏息。幸運的話，還能拍攝到丹頂鶴展翅的求偶舞。

塘路車站

SL 冬季濕原號蒸汽火車的停靠站，可在此下車換搭。須注意濕原號火車採預約制，須提前購票，現場不販售車票。濕原號蒸汽火車的介紹詳見 224 頁。

細岡展望台

釧路溼原另一側的眺望台，能看到蜿蜒的釧路川與遠方的阿寒連峰。我在塘路站先下車換搭蒸汽火車，放張夏天拍攝的照片為做為參考囉。

釧路溼原展望台

巴士行駛在釧路溼原上，沿途可別打瞌睡，窗外有機會能看到野生狐狸、鹿，以及丹頂鶴。

釧路溼原展望台高 3 層樓，1 樓為餐廳、商店與展示照片，2 樓呈現濕地生態與棲息的動植物、地形地質等資料。3 樓的戶外展望區，能眺望釧路溼原的遼闊全景。

眺望濕原風景

夏天拍攝的細岡展望台

季節美味和美酒澤 🍴

魚之金川 🍴

Dormy Inn網走天然溫泉酒店 🅗

露櫻酒店網走站前 🅗

東橫INN鄂霍次克. 網走站前 🅗

Arcadia 🍴

🚏 網走車站

酒菜亭喜八 🍴

道之驛「流冰街道網走」 📷

📷 鄂霍次克流冰館

📷 博物館網走監獄

網走 Abashiri

景點推薦

網走
Abashiri

冬天的網走，能搭乘破冰船出海，欣賞鄂霍次克海的壯觀流冰，以及參觀網走監獄。當地名產海釣喜知次魚（キチジ）冬天正是時令，美味必嘗。

網走過往溫度參考：

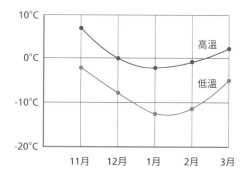

■ 觀光資訊

網走觀光協會網站
🌐 https://www.abakanko.jp/big5/

■ 交通

如何抵達

飛機：東京至女滿別機場約 2 小時，札幌至女滿別機場約 50 分
火車：札幌至網走約 5.5 小時，10,540 日圓
巴士：札幌至網走約 6 小時，6,800 日圓

網走市內交通

網走觀光設施遊覽巴士（観光施設めぐり路線バス），停靠所有的主要景點。一日票價 800 日圓，會搭乘 3-4 次以上可考慮購買。

請留意網走車站正前方的巴士搭乘處是往「道之驛流冰街道網走」方向，要前往「網走監獄」，要在背對車站左邊的站牌（すき家餐廳前）搭乘。每小時 1～2 班，時刻表請見官網

🌐 https://www.abashiribus.com/regular-sightseeing-bus/

必訪景點推薦

📍 博物館網走監獄

將百年歷史的網走監獄
舊建築物，予以保存的戶
外歷史博物館。以等比例
人偶模型高還原當時犯人
的生活，詳細記錄北海道
拓荒史。網走監獄出現在
許多文學作品與電影戲劇
中，曾監禁過日本越獄王
白鳥由榮，是《黃金威能》
漫畫重要場景，一躍而成
為北海道熱門景點。

網走監獄外觀

曾令日本全國囚犯聞風喪膽，網走監獄如今逛起來趣味滿滿。有多個被指
定為國家重要文化財的建築，各設施有中文看板介紹，還能到監獄食堂吃「牢
飯」，品嘗囚犯平常吃的餐點。老實說麥飯配上烤魚的監獄餐，還挺美味的。
園區範圍廣大，並在戶外移動，建議規劃 1 ～ 2 小時參觀，冬季穿著也要注
意保暖。

監獄食堂監獄餐

鏡橋

　受刑人入獄，服刑期滿離開，都需經過網走川上的鏡橋。命名之義為「河面為鏡，凝視我身，自整衣襟，渡往目的之岸」。

廳舍（重要文化財）

　監獄行政部門辦公所在，明治時期的典雅建築設計，屋頂窗、天井浮雕、門廊的裝飾都是看點。

休息所

　並不是遊客的休息所，別名「移動監獄」，是受刑人出外工作，無法當日來回時的過夜小屋。在建造札幌至網走的公路時，就大量運用這種休息所。

浴場

　在監獄服刑，洗澡也是有規定的。過去受刑人一年只能洗 13 次澡，還有一定的流程得遵守。

舍房與中央看守所（重要文化財）

網走監獄的代表性建築，放射狀設計，
在中心的看守所崗哨，就能監看所有牢房
的動靜。木造建築和牢房設計是看點。

單人獨居牢房

等於是關禁閉的獨居牢房，沒有日
照，以及減少伙食作為對受刑人的懲
罰。網走監獄建築物使用的赤煉瓦，
都是監獄裡的囚犯製作的。

網走監獄

🏠 北海道網走市呼人 1-1 🚌 觀光設施遊覽巴士「博物館網走監獄」站 ⏰ 5 月 − 9 月 8：
30 ～ 18：00，10 月 − 4 月 9：00 ～ 17：00 🏷 成人 1,500 日圓，高中生 1,000 日圓，
中小學生 750 日圓。官網有 9 折券 🌐 https://www.kangoku.jp/

📍鄂霍次克流冰館

　　流冰主題博物館，以大螢幕投射網走四季景觀，很有臨場感。展示鄂霍次克海生態環境、特有的海洋生物「流冰天使」等；零下15度的流冰體驗區有巨大流冰冰塊，裡面冷極了，但全年都能接觸到真正的流冰，還有讓溼毛巾秒結凍的「冰凍體驗」。現場提供免費借用厚外套。

　　頂樓的天都山展望台，360度大全景，鄂霍次克海、網走湖、知床與阿寒連峰一覽無遺。1F咖啡廳的海鹽焦糖口味的流冰霜淇淋，讓人難忘。

流冰天使

鄂霍次克流冰館

流冰體驗區

⛰北海道網走市天都山244-3 🚌觀光設施遊覽巴士「天都山（流冰館）」站 🕐夏季（5－10月）8:30～18:00、冬季（11－4月）9:00～16:30 🏷成人770日圓、高中生660日圓、中小學生550日圓 🌐 https://www.ryuhyokan.com/

📍道之驛「流冰街道網走」

　　道路休息站，同時是冬季搭乘破冰船之處。詳見216頁。

美食報報

季節美味和美酒　澤（季節の旨いものと酒　さわ）

　　時髦居酒屋，能吃到名物火鍋「網走モヨロ鍋」，土鍋放入當地產的鮭魚、扇貝等海鮮，湯頭以鄂霍次克海鹽調味，鮮美又具有深度，是代表網走的料理。寒冷的冬夜來上一鍋，是溫暖又幸福的味道。生魚片、烤牛排、燉海鮮也很美味。

1│2　季節美味和美酒澤的「網走モヨロ鍋とは」

🏠 北海道網走市南 3 條東 1 丁目 1 🕐 17：30 ～ 23：30，週日公休
🌐 https://abashiri-sawa.com/

Arcadia

　　車站旁的義大利餐廳，主廚大膽而具創意，季節性提供的海膽義大利麵是人氣料理，使用當地食材的義大利麵、蛋包飯、燉飯等都很美味。也有網走炸鮭魚飯。

🏠 北海道網走市新町 2 丁目 3-1 🕐 11：00 ～ 14：30，17：00 ～ 20：30，週二公休 🌐 https://www.facebook.com/arcadiaabashiri/

📍 酒菜亭喜八

　　1995 年開業的老字號居酒屋，有來自鄂霍次克海的新鮮漁獲。我個人推薦燒烤料理，網走黑鰻魚、網走豬排都厲害。還有網走名產炸鮭魚飯（オホーツク網走ザンギ丼）。類似北海道炸雞的料理法，但使用鮭魚肉，非常鮮美多汁。還有少見的鯨魚料理。清酒種類選擇多。

　　喜八也有供應「網走モヨロ鍋」，需預約。常客滿，建議先訂位。

🏠 北海道網走市南四条西 3 丁目

🕐 16：00 ～ 22：00　🌐 https://www.theearth1990.co.jp/kihachi

酒菜亭喜八必點美食（上）炸鮭魚飯（下）烤黑鰻魚

📍 魚之金川
（さかなの金川）

　　魚販開設的外帶店面（無內用），500 日圓的平價海鮮蓋飯很搶手，常常一大早就被搶購一空。也有烤魚便當、生魚片、鯨魚料理等。

🏠 北海道網走市西 1-11　🕐 10：00 ～ 18：30，週日公休　🌐 https://www.facebook.com/kanagawa/

住宿推薦

　　網走的飯店分布在火車站與巴士站附近，兩者距離步行約 10 來分，平常走起來還好，冬天冷又積雪，建議搭計程車或公車移動。也可依搭乘的交通工具選擇住宿地點，搭火車就住車站附近，搭巴士就選巴士站附近的住宿。而老店餐廳美食比較集中在巴士站附近。

📍 露櫻酒店網走站前

　　網走車站對面的平價商務旅館，有大浴池，提供免費早餐。

🏠 北海道網走市新町 1 丁目 2-13 🚌 網走車站步行約 1 分
🌐 https://www.route-inn.co.jp/search/hotel/index.php?hotel_id=502

📍 東橫 INN 鄂霍次克 ▪ 網走站前

　　也是在網走車站對面的平價商務旅館，附設停車場。

🏠 北海道網走市新町 1 丁目 3-3
🚌 網走車站步行約 1 分 🌐 https://www.
toyoko-inn.com/search/detail/00003/

東橫 INN 鄂霍次克 ▪ 網走站前飯店

Dormy Inn 網走天然溫泉酒店

在網走巴士站附近，頂樓的天然溫泉大浴場景觀很好，還有三溫暖和休息室。提供免費宵夜拉麵。

Dormy Inn 網走天然溫泉酒店

北海道網走市南 2 条西 3 丁目 1 番地 1　網走車站步行約 10 分，網走巴士站步行約 4 分　https://www.hotespa.net/hotels/abashiri/

Chapter 3

9 個北海道冬天
必去祭典

冬天的北海道，各地舉辦大大小小的祭典，雪祭、冰祭、煙火、燈節、雪地活動等，非常好玩！其中最盛大的札幌雪祭，以及旭川冬祭、小樽雪燈之路，都在差不多的時間舉辦，妥善規劃行程，可以一次逛遍多個祭典。

以下列出北海道知名祭典的時間。

12月	1月	2月	3月
函館聖誕夢幻節			
札幌白色燈樹節			
札幌慕尼黑聖誕市集		札幌雪祭	
		旭川冬祭	
		小樽雪燈之路	
	支笏湖冰濤祭		
	層雲峽冰瀑祭		
	然別湖愛努冰村		
		阿寒湖冰上嘉年華	

冬日祭典活動都在戶外舉辦，要特別注意保暖，以及穿著雪地好行走的鞋子。札幌、小樽、函館的祭典都在市區，如果需要休息、上廁所，可以找附近的百貨公司或餐廳、咖啡店。其餘祭典請參考會場平面圖，都會標示休息區和廁所的位置。

❄ 函館聖誕夢幻節 Hakodate Christmas Fantasy

你看過海上的聖誕樹嗎？每年 12 月，函館市在海上豎起巨大的聖誕樹，數以萬計的燈泡點亮異國情調的街道，整個城市都沉浸在濃濃的節慶氣氛裡。

函館聖誕夢幻節的會場，在靠近港口的金森紅磚倉庫區，充滿各種節慶布置，連倉庫外牆都掛上聖誕老人，俏皮又可愛。

每年由函館的姊妹城市加拿大 Halifax 市贈送 20 多公尺高的杉木，擺上裝飾做為聖誕樹架設在船上，遠遠望去十分壯觀。每晚舉辦點燈

金森紅磚倉庫外牆掛上聖誕老人

儀式與舞台表演，聖誕樹上的彩燈變換著各種色彩，並有煙火秀，營造浪漫又夢幻的氛圍。

　　會場還有聖誕市集，邀請函館著名的飲食店擺設攤位。以熱湯為主題的美味料理，起司濃湯、焗烤酥皮湯、番茄牛肉湯，甚至還有餛飩湯，每一攤都想嘗嘗看呢。

1｜2　聖誕市集與我點的
牛肉野菜湯

✏ **行程規劃 Tips**

喜歡拍照的朋友，可以規劃搭纜車登上函館山頂取景，拍攝函館夜景與煙火的難得景觀。

🕐 每年 12/1 － 12/25 舉辦，點燈時間為 16：30 ～ 17：45、18：00 ～ 22：00（12/1為 18：00 開始）、每日 3 回燈光表演時間為，18：30、19：30、20：30。煙火於 18：00 施放，若天氣不好會暫停　🌐 http://www.hakodatexmas.com/

❄ 札幌慕尼黑聖誕市集

札幌和德國慕尼黑是姊妹城市，秋天舉辦的「札幌秋季豐收節」能暢飲慕尼黑啤酒節，冬天「慕尼黑聖誕市集」隆重登場，每年 11 月下旬至聖誕節，重現歐洲傳統聖誕市集。

大通公園搭起歐風小木屋，販售琳瑯滿目的聖誕節禮品與紀念品，以及熱紅酒與德國美食，大多都來自德國當地，連製作手工藝品的師傅、店員都是德國人，真的有在歐洲逛聖誕市集的感覺。

121

冬天氣溫寒冷，會場內搭設帳棚與火爐，讓遊客在裡面休息及享用市集購買的美食。札幌慕尼黑聖誕市集每年推出紀念商品，不同主題的紀念馬克杯是很多玩家爭相收藏的。

1
2 | 3　札幌慕尼黑聖誕市集

札幌工廠內聖誕樹

有時間的話，再到札幌工廠購物中心（Sapporo Factory）逛逛，這裡架起15 公尺高的巨大聖誕樹，裝飾著上萬顆的彩燈與禮物，定時有聲光秀表演。戶外廣場有聖誕老公公準備爬上煙囪送禮的裝置藝術，俏皮有趣。

同時間舉辦的還有「札幌白色燈樹節」，整個城市被七彩燈泡妝點得炫目繽紛絢爛，大通公園內有不同主題的燈光裝置藝術。12 月來到札幌，你會感受到無比幸福與浪漫的節慶氛圍。

1 | 2 / 3 　大通公園的聖誕燈飾

札幌慕尼黑聖誕市集

🏔 大通公園 2 丁目 🚌 地鐵「大通站」🕐 每年 11 月下旬－ 12/25
🌐 https://white-illumination.jp/munich/

札幌工廠

🏔 札幌市中央区北 2 条東 4 丁目 🚌 地鐵東西線「バスセンター前」站，8 號出口
步行 3 分鐘 🌐 https://sapporofactory.jp/

❄ 札幌雪祭 SapporoSnow Festival

札幌雪祭已有 70 年歷史，是日本最盛大的冰雪祭典。巨大的雪雕像讓人驚艷不已，3 大會場展示 200 多座冰雪雕像，以及雪國獨有的玩樂活動，吸引了世界各地數百萬遊客來訪。

每年主題不同，但場地配置大同小異，三大會場各有特色，入夜後有燈光音樂演出，又是不同氣氛。照片是 2020 年拍攝的（2021、22年因疫情停止或縮小規模舉辦）。

會場	特色	建議參觀時間
大通會場	主會場，巨大雪像、大小雪像與冰雕、溜冰場、美食攤位。夜晚點燈	至少半天
薄野會場	冰雕、夜晚點燈	30 分～ 1 小時
Tsudome 會場	中小型雪像，室內與戶外活動	1 ～ 2 小時

大通會場

　連綿 1.5 公里的大通公園是札幌雪祭主要會場，從 1 丁目～ 12 丁目各有不同主題。1 丁目的溜冰場，夜晚超浪漫。

雪祭的
周邊紀念品

3 丁目搭建高 24 公尺、全長 60 公尺的 PARK AIR 滑雪跳台，在市中心觀賞單雙板跳台和花式滑雪表演，很酷。

4 ～ 10 丁目是雪祭亮點，雕刻家精心製作 5 座主題大雪像，現場感受的震撼力十足，各種小細節都栩栩如生。

推薦白天晚上都來逛
逛，夜晚的雪像打上燈
光投影，是不容錯過的
精采聲光秀。

 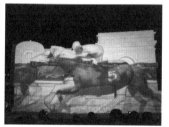

饕客必訪 6 丁目，聚集北海道代表的美食攤位。

11、12 丁目是海外與民間單位製作的中小型雪像。各會場也有很多趣味的卡漫造型雕像。

小提醒，因為人潮眾多，大通會場規劃為單向行走，北側是東至西向（1往 12 丁目）通行，南側是西至東向通行。當發現自己像鮭魚一樣在人群中逆流而行，就是走錯方向囉。

薄野會場

冰雕會場，晶瑩剔透的冰雕像在陽光下閃閃發亮，推薦晚上來參觀，點燈後更顯奇幻。我覺得最有趣的是水產廠商的冰雕，螃蟹和魚群結凍在冰塊中，根本是海底龍宮呀（而且看起來好鮮美）。提供冷熱飲的冰酒吧也是亮點。

薄野會場
🚌 地鐵薄野站

Tsudome 會場

親子同樂、玩雪的好地方，室內會場有溜滑梯氣墊、AR體驗等，戶外是雪樂園，可以玩冰雪溜滑梯、雪地甜甜圈、雪盆、雪地泛舟等，也可租借雪地滑板車、雪橇腳踏車。

Tsudome 會場
⛺ 札幌市東区栄町 885-1

付費體驗的冰杯雕刻很有趣，別忘了在人型雪牆前留下難忘的紀念照吧！

✏️ 行程規劃 Tips

札幌雪祭超夯，祭典期間的住宿價格高，訂房也很搶手。如計畫前往，半年前就該準備訂房囉。

大通會場的雪像，上午 9 點前是整理時間，9～10 點之後才陸續開放。早上人潮較少，比較好拍照。一日行程推薦安排：上午 10 點前往大通會場參觀，中午在 6 丁目會場吃美食，下午繼續逛，接著前往 Tsudome 會場，或是參觀市中心景點。傍晚回飯店稍微休息，晚上前往薄野會場參觀，以及大通會場 4～10 丁目的夜晚聲光秀。

二月是一年最冷的季節，氣溫都在零度以下、常下雪，入夜之後更冷。會場都在戶外，穿著要注意保暖，暖暖包也帶著。大通會場沿途的美食攤位有帳棚，可進去避寒。

🚌 雪祭期間，大通會場、札幌車站與 TsuDome 會場有付費巡迴巴士，搭乘資訊請看官網 🕐 每年二月上旬進行約一週（Tsudome 會場會提前一週開放）🏷 皆為免費入場，溜冰場、Tsudome 會場的部分活動為付費體驗 🌐 https://www.snowfes.com/t/

❄ 旭川冬祭

每年二月上旬舉辦，是北海道第二大冬季祭典、僅次於札幌雪祭。和札幌雪祭也在同一週舉行，一趟行程可以逛完兩大雪祭。

旭川冬祭歷史悠久，會場在石狩川旭橋河畔，主舞台上依照每年主題設計的巨大雪雕像，曾創下金氏世界紀錄，是世界最大的雪像。會場內還有各種不同動漫主題、動物造型的雪像；一定要體驗世界最長、100 公尺的冰滑梯，大人小孩都玩瘋了，尖叫聲不斷！以及多種雪地玩樂設施，雪地迷宮、雪上空中滑索、雪上橡皮艇等。

旭川冬祭會場以及美食攤位

1│2│3　雪地玩樂設施,雪上空中滑索、冰滑梯、雪上橡皮艇

「雪人製作」也是很受歡迎的體驗。工作人員用模型壓制好雪人,遊客自己動手黏上各式裝飾,雪人們逗趣討喜的造型,將會場點綴的無比歡樂。會場內有旭川人氣飲食店前來擺設攤位。晚間有煙火秀。

1│2
雪人製作體驗

旭川車站前廣場
搭起溜冰場

　旭川冬祭期間，整個城市都籠罩著濃厚
的慶典氣氛，平和通買物公園同時舉辦冰
雕世界大賽，旭川車站前的廣場也搭起溜
冰場，旭山動物園延長營業至晚間 8 點
半。動物園裡點起一座座手作雪燈，搭配
在夜間活動的動物們，增添神祕又浪漫氣
氛。

平和通買物公園會舉辦冰雕世界

✐ 行程規劃 Tips

冬祭期間，旭川車站前有免費接駁車往來於河畔會場之間，每 15 ～ 30 分鐘
一班。或是經由平和通買物公園步行前往會場（約 25 分鐘），沿途可欣賞
冰雕作品。

🚌 北海道旭川市常盤公園 4044 🕐 每年二月中上旬舉辦約一週 🏷 免費入場，部
分玩樂設施如雪上橡皮艇、雪上摩托車需付費 🌐 https://asahikawa-winterfes.jp/

小樽運河

❄ 小樽雪燈之路 小樽雪あかりの路

　跑過日本大大小小祭典，小樽雪燈之路是我看過最美麗最夢幻的祭典了。
當地居民手作雪燈和雪雕像，以古老運河和舊鐵道作為會場，入夜之後，整
個小樽沉浸在燭光燈海中，美的不可思議。

　小樽運河會場，數百盞搖曳的燭光
漂浮在運河上，閃閃發亮如銀河一
般。居民利用漁網漂浮使用的玻璃
球，放入蠟燭再放入運河之中，不僅
美麗，也具有歷史意義。運河旁的帳
棚內，販售玻璃浮球和美麗的燭台，
讓遊客帶回作紀念。

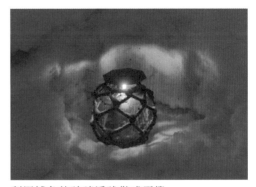

利用捕魚的玻璃浮球做成雪燈

　　參觀完小樽運河，再到手宮線舊鐵道會場，沿途各式造型雪燈打造出一條冰雪之路，也有大型雪雕設計為讓遊客合影留念。漫步在璀璨的燭光之中，氣氛非常浪漫。

　　冬夜氣溫降到零度以下，可得做好禦寒措施。小樽居民紛紛在道路旁架起烤爐，烘烤著熱騰騰的馬鈴薯和年糕，大方的免費提供給遊客，成為旅途中最暖心的回憶。

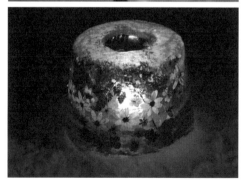

　　離市區稍遠的天狗山會場，可從市中心搭乘巴士前往。前幾屆祭典在天狗山會場舉行開幕式，有太鼓、火炬滑雪表演和煙火施放。搭乘纜車上山，展望台上布置著燈飾，眺望著小樽夜景，是令人陶醉的美景。

　　行程安排推薦以前兩個會場為主,若時間充裕,再前往天狗山會場。另外若天候不佳,天狗山會場會暫停開放。

✏ 行程規劃 Tips

祭典期間小樽住宿往往一房難求,建議住在札幌再搭火車前往小樽。建議在傍晚由札幌出發,能欣賞日落前的魔幻時刻,以及入夜後小樽運河不同的面貌。

⚡ 北海道冷知識

祭典前的準備工作,以及祭典期間點燈熄燈,製作、修補和維護雪燈,是來自全世界的志工合作的成果呢。小樽雪燈之路每年都有對外招募志工,台灣也有志工群組成團隊,每年定期前往參加。有興趣者可以留意官方網站訊息,需留意日語是基本必備條件囉。

🚌 札幌搭乘火車至小樽約 30 ～ 35 分鐘。 🕐 小樽雪燈之路在每年二月上旬～中旬舉辦約一週。和札幌雪祭的時間會重疊,行程規劃可以一起安排 🌐 http://yukiakarinomichi.org/

❄ 支笏湖冰濤祭

　　札幌近郊的支笏湖以澄澈的湖水聞名，水質透明度是日本數
一數二的。到了冬季，當地居民汲取湖水噴灑水柱，製作出各
式造型的冰雕與建築。夜晚打上絢麗的燈光，奇幻多彩。

會場入口

會場內的巨大冰柱

會場

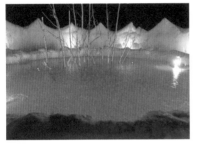

數層樓高的冰雪建築

支笏湖藍之池

穿過入口的冰雪隧道，感受到特殊的祭典氣氛——透心涼。進入會場，迎面是紅與藍兩大冰柱高聳矗立著，非常壯觀。會場分為數個區域，有大人小孩都愛的冰滑梯、溜冰場；兩三樓層高、可以進入探險的巨大冰山與城堡，復刻知名景點「青池」的支笏湖藍之池等。週末及例假日會施放煙火。

冰濤神社以冰搭建的神社，祈福方式不是將錢投入賽錢箱，而是將錢幣黏在神社內的冰柱上，象徵著獲得好運。

冷了、餓了，會場旁有搭建休息室，也有販售輕食與紀念品。入內來碗熱湯或是熱甘酒暖暖身子，再繼續逛吧。

支笏湖冰濤祭半日遊行程

https://www.kkday.com/zh-hk/
product/20318?cid=4307

冰濤神社

✏️ **行程規劃 Tips**

前往支笏湖冰濤祭的公車班次少，而且晚上沒有行駛。想看夜晚點燈以及煙火秀等，推薦參加當地的巴士半日遊行程，下午從札幌市區出發，晚上返回。遇到煙火施放的日期，也會配合煙火施放的時間，安排回程時間。或在支笏湖的溫泉旅館住宿一晚，享受溫泉假期。

🚌 札幌搭乘火車至千歲站，換搭前往支笏湖的公車 🕐 每年 1 月底至 2 月底 🏷 高中生以上 500 日圓，中學生以下免費 🌐 https://hyoutou-special.asia/

❄ 阿寒湖冰上嘉年華「冬華美」

　　冬季的阿寒湖結凍為 50 公分以上的厚實冰層，湖面就成為 Ice Land 雪地樂園，舉行趣味好玩的雪上活動。

Ice Land 阿寒會場

四輪越野車、雪地摩托車

接近岸邊的地方規劃為停車場，付費活動先在售票亭購票。Ice Land 阿寒有刺激過癮的雪地香蕉船、四輪越野車、雪地摩托車等，享受雪地飆速馳騁感。也能體驗滑冰、步行滑雪。

雪地香蕉船　　　　　　　　　　　滑冰體驗

最吸引我的是冰上釣公魚，雪地上一個個帳篷是釣魚據點，在湖面上鑿出圓洞來垂釣。租借釣桿，串上麵包蟲魚餌，靜待魚兒上鉤。

1│2　冰上釣魚

租借釣桿附上天婦羅券，把釣到的公魚拿去湖畔餐廳油炸。萬一不幸跟我一樣兩手空空，垂釣紀錄掛零，還是能換到一盤熱騰騰的現炸酥脆公魚（完全有被安慰到）。

1│2　阿寒湖湖畔餐廳將釣到的魚做成天婦羅

夜晚施放煙火

　　到了晚上，湖面就成為舉行「冬華美」冰上嘉年華的舞台。點火儀式之後是萬眾矚目的煙火秀。零下 20 多度的低溫，空氣乾淨澄澈，讓夜空中的煙火更為絢麗耀眼。夜晚極冷，如果住在湖畔飯店，能邊泡湯邊欣賞煙火，滿足指數百分百。

✐ 行程規劃 Tips

阿寒湖溫泉詳細的交通、景點資訊請見 200 頁 。

Ice Land 阿寒
🕐 每年 1 月初至 3 月底舉辦 ⊕ http://tw.kushiro-lakeakan.com/things_to_do/6544/

阿寒冰上嘉年華「冬華美」
🕐 每年 2 月初至 3 月底舉辦，煙火施放時間是 20：10 左右 ⊕ http://ja.kushiro-lakeakan.com/things_to_do/1855/

※ 層雲峽冰瀑祭

層雲峽冰瀑祭會場

　位在大雪山國立公園，冬天瀑布結凍，成為難得一見的冰瀑奇景。冰瀑祭會場內用河水澆淋出冰柱與冰雪建築；夜晚打上燈光與施放煙火，讓這深山中的祭典，環繞神秘夢幻氛圍。

　參觀重點為主冰雕、冰瀑神社、北之冰酒場、冰雪溜滑台等。10 多公尺高的主冰雕，營造出如瑞士馬特洪峰般的高聳氣勢。中間打通為百米長的冰隧道，鐘乳石洞般的冰柱，有著深入秘境的探險氣氛。北之冰酒場內有冰做的吧檯與椅子，冰雪溜滑台則是大人小孩都愛，刺激又好玩。

北之冰酒場　　　　　　冰做的吧檯與椅子　　　　冰隧道內有鐘乳石洞般的冰柱

143

冰瀑神社　　　　　　　　　　將硬幣黏在冰製作的神玉上不會落下，象徵考生不會落榜

　　最有意思的是冰瀑神社。供俸著用冰製作的神玉。考生前來祈福，將硬幣靠在神玉上，因為氣溫極低，硬幣會緊緊吸附在冰上不會掉落，象徵考試順利、不會落榜。

　　另一特色體驗是「攀冰」，攀登上冰凍的瀑布。會場提供完整的裝備與教學，新手也能安心體驗。

　　參觀過幾個北海道冬季祭典，層雲峽冰瀑祭跟前兩章介紹的支笏湖冰濤祭性質有點像；雖然規模較小，但是冰瀑與攀冰體驗是其他祭典較少看到的。

 行程規劃 Tips

回程往上川站的巴士晚上沒有行駛，若想體驗夜間點燈與煙火秀，可在層雲峽住宿一晚。當地有許多溫泉飯店，在祭典期間提供飯店至會場的接送服務。或是參加一日遊行程，交通上安排會比較便利。

🕐 每年一月底至三月初　🏷 300 日圓，贈送明信片和飲料折價券
🌐 https://sounkyo.net/hyoubaku/tw/

❄ **然別湖愛努冰村** Shikaribetsuko Kotan

一年僅限定 2 個月的夢幻村落！然別湖是北海道海拔最高湖泊，冬天湖面結凍，居民在湖上搭建起冰村，是北國才有的奇幻體驗。

冰村外觀和入口處

雪屋外觀

親眼看到湖面上一座座冰屋，相信你也會跟我一樣直呼「太可愛了啦」！冰與雪搭建的小屋各有主題，「Ice Bar 冰雪酒吧」最受歡迎，還能體驗製作冰酒杯。酒吧室內的梁柱、吧檯、桌椅，是從湖中汲取冰塊雕琢而成，閃閃發亮。鮮豔的特調飲品盛裝在冰杯中，彷彿是在童話世界一樣夢幻。酒吧另一側的表演廳，不定時有音樂會。

1│2　冰雪酒吧

　　不能錯過的還有「冰上露天風
呂」，是世界級的絕景溫泉，在冰
天雪地中泡湯，享受極寒與火熱的
衝突感。若不敢赤身露體的踏入雪
地中的溫泉，也可以泡個溫暖的足
湯。以及冰之教堂、雪地摩托車、
森林導覽散步等，甚至能在冰屋住
宿一晚呢。

冰上風呂

湖畔的遊客中心提供旅遊資訊，二樓為ムバンチ Café，提供輕食飲品，推薦鐵鍋法式吐司，鬆軟的口感非常美味。

咖啡店的鐵鍋法式吐司

湖畔的遊客中心

🌀 北海道冷知識

冰屋是在入冬之後，製作上萬個雪塊與冰磚，再搭砌而成。除了居民，也向海外招募志工參與。我的朋友曾報名參加，他說，人生中第一次在極寒之地工作，製作雪塊、切割湖中的冰塊與運送，都是前所未有的體驗。看到一座座冰屋從無到有的完工，非常有成就感。

切開湖中冰塊，以及製作雪塊來搭建冰村

✏️ 行程規劃 Tips

前往然別湖的巴士班次不多，車程時間也長，來回加上遊玩大約就一天。先查詢好巴士來回班次之外，行程時間充裕也可安排住宿在湖邊的「然別湖風水飯店」，夜晚湖上的星空澄澈，非常美。

然別湖風水飯店

🏠 北海道河東郡鹿追町北瓜幕無番地　🚌 帶廣站前乘坐「然別湖線」巴士至「然別湖畔溫泉」站，約 1 小時 40 分鐘。單程車資 1,680 日圓，先至巴士站櫃台購買「VISIT TOKACHI PASS」巴士 1 日券（1,500 日圓）或 2 日券（2,500 日圓）比較划算。　🕐 每年 1 月底至 3 月中　🏷 2022 年起入場需收費，冰村入場季票為 500 日圓　🌐 https://www.facebook.com/SkyLakeShikaribetsu

巴士官網

活動官網

FB 粉絲團

Chapter 4

粉雪天堂！
7 個北海道人氣滑雪場

Park Hyatt Niseko 提供

出發去北海道滑雪前該知道的幾件事

　　人生第一次滑雪若是在北海道，享受世界級的乾爽柔細粉雪，是件非常幸福的事。我的滑雪初體驗就是在富良野，就此愛上滑雪，還成為滑雪教練呢。就以資深滑雪人與教練身份，分享如何準備滑雪行程：

■ 不要衝第一波，滑雪 1 月－ 3 月中最好

　　北海道在 11 月降下初雪，很多人看到新聞就立刻想衝去滑雪，No No No，下雪不等於可滑雪，滑雪場要累積一定積雪量才會開放。

　　部分雪場雖從 11 月底陸續開放，但雪季初期降雪量不穩、開放區域小，甚至會因為降雪量不足、延後開放而撲空。想要完美體驗滑雪，12 月中下旬的雪況比較穩定，行程安排在 1 月至 3 月中更佳，也能順便參加雪祭或破冰船體驗。

ⓘ 北海道冷知識

什麼是粉雪？

　　粉雪 (Powder) 和一般的雪不一樣，質地特別輕盈乾爽，摩擦力小，滑雪板能在粉雪上更順暢的滑行，幾乎感受不到阻力，是滑雪玩家們都嚮往的頂級雪況。北海道以粉雪聞名，又以二世谷最具代表性，因位置與地形等天然條件，粉雪的質與量都驚人。

■ 北海道滑雪巴士，機場直達滑雪場

機場與札幌市區有直達各大滑雪場的巴士，不用再查詢怎麼搭車和換車，本章節要介紹的滑雪場都能搭乘滑雪巴士抵達，也就不另外介紹交通的部分囉。

最主要的是 Hokkaido Resort Liner（有英語版），書中介紹的 7 個滑雪場都有班次，在 kkday 網站可以預訂部分雪場路線；也提供旭川到富良野、Tomamu，以及兩個雪場之間的巴士。北海道中央巴士（Chuo Bus）有二世谷路線巴士，BIGRUNS 有留壽都和手稻滑雪場路線巴士。

安排行程的小秘訣，選擇入住滑雪巴士停靠的飯店，省時省力。

Hokkaido Resort Liner 滑雪巴士

Hokkaido Resort Liner
🌐 https://www.access-n.jp/resortliner_eng/

中央巴士
🌐 https://teikan.chuo-bus.
　co.jp/tw/

BIGRUNS
🌐 https://bigruns.com/

■ 滑雪場選擇有訣竅

建議滑雪新手，別人推薦的、熱門的滑雪場不一定適合你，別急著衝高知名度的大雪場，先從中小型滑雪場開始練好基本功，以後去到大雪場才能體會到好玩之處。請參考下面幾點來挑選：

新手：挑選費用不高、能用最少預算完成體驗，並有中文教練教學。例如從札幌市區可以當日來回的手稻、札幌國際滑雪場，交通費用和纜車票價都比較便宜。

親子旅遊：有景點與玩雪設施，最好有兒童滑雪學校。星野 Tomamu、富良野滑雪場玩樂設施豐富；有兒童滑雪課程的 Club Med 在 Kiroro、Tomamu、Sahoro 有度假村。

玩家：挑選雪場面積大的滑雪場，例如二世谷、留壽都、Kiroro、富良野滑雪場。

若是同行親友不滑雪，選擇有其他雪地活動的雪場；或是在城市附近、能自行安排其他活動，就能讓大夥都玩得盡興。

Club Med 兒童滑雪課程

■ 滑雪穿著、裝備這樣準備

注意，**第一次滑雪別穿發熱衣或毛衣**，滑雪是劇烈運動，身體會發熱流汗，內層穿棉 T 或排汗衣，保暖的中層外套（厚棉 T 或法蘭絨），外層是防風防水的雪衣雪褲。滑雪板、雪鞋、雪衣雪褲在滑雪場都租借的到，雪鏡、手套 9 成以上的滑雪場需要自備。單板滑雪要準備防摔褲和護膝。不論單板或雙板滑雪，都要穿及膝長襪，以免雪鞋摩擦腳會不舒服。

安全帽
雪鏡
脖圍
外層雪衣
手套
雪杖
雪褲
雪鞋
滑雪板（雙板）

■ 第一次滑雪請上教練課

第一次滑雪請上教練課

很多人會覺得平常有運動，滑雪摸兩下就會了吧？相信我，滑雪請找教練教學，不然你可能連怎麼穿上雪鞋、把鞋子扣上滑雪板都不清楚呢。上了滑雪場，腳上扣著滑雪板，要如何前後左右移動，是個大學問，接著還要搭乘纜車上山，再從山上一路滑下來。自己摸索既不安全也花時間，讓專業的來，放心交給滑雪教練們吧。

希望你能和我一樣，從北海道開始愛上滑雪！

手稲滑雪場 Sapporo Teine

手稻滑雪場距離札幌市區僅一小時車程，曾是
冬季奧運會場，人氣很高。滑雪場在夏季是遊樂
園，雪場上方的摩天輪、奧運聖火台都是代表性
地標。

奧運聖火台

　　滑雪場分為下方的「奧林匹亞區」(Olympia Zone) 和上方的高地區 (Highland Zone)，兩邊都有滑雪中心能租借裝備，並有纜車、滑道相通，滑雪巴士兩邊都會停靠。新手建議選擇奧林匹亞區為據點，滑道程度比較簡單，並有設立魔毯（電扶梯）的新手練習區。

手稻滑雪場魔毯

奧林匹亞區初級滑道

　　高地區，登上 1023M 的手稻山頂，能眺望壯麗的石狩平原與札幌市區，天氣好時還能看到遠方的石狩灣呢。幾條中高級的滑道風景好又適合練功，滑起來很愜意。

手稻滑雪場高地區

因應大量的外國遊客，部分設施有中文指示牌。裝備租借除了基本的滑雪板、雪鞋、雪衣褲，還有手套、雪鏡等，很適合新手體驗。

雪場內設有玩雪區，可以玩雪地甜甜圈，還有造型恐龍裝飾，很受小朋友歡迎。滑雪場附近沒有住宿設施，建議住在札幌市區滑雪巴士有停靠的飯店，較為便利。滑雪場的滑雪學校有英語滑雪課程，有些台灣教練會在此教學，需另外詢問預約。

1│2　裝備租借櫃台

手稻滑雪場 Sapporo Teine
🌐 https://sapporo-teine.com/snow/

![美食報報]

高地區山頂的咖啡廳 HOT CAFE 1023，提供咖啡輕食，景觀很好。奧林匹亞區滑雪中心 3F 的餐廳 ULLR（ウル）可以吃到咖哩飯、豬排飯、成吉思汗烤肉丼飯等日式餐點。

🏂 札幌國際滑雪場 Sapporo Kokusai

　秋天熱門賞楓地點，冬天則化身大人氣滑雪場。距離札幌市區 1.5 小時、定山溪溫泉 30 分鐘車程，加上滑雪巴士停靠數間定山溪溫泉飯店，適合安排溫泉滑雪之旅。

　Ski center 是棟顯眼的紅色建築物，札幌國際滑雪場提供周全的滑雪裝備租借服務，包括雪鏡也能租借的到，也能租借玩雪的雪盆。

札幌國際滑雪場滑雪中心入口

7 條滑道涵蓋初學者到進階者，最長滑行距離 3.6 公里，讓遊客盡情享受滑雪樂趣。設有新手練習區、有遮罩的魔毯（電扶梯），第一次滑雪也能安心練習。也兒童玩雪樂園。

不滑雪的人除了在玩雪區戲雪，也能搭乘廂型纜車到山頂看風景、喝咖啡。天氣晴朗時，從山頂眺望小樽市區、石狩灣的景色，讓人心曠神怡。雪場附近沒有住宿設施，建議住在札幌市區或定山溪溫泉，一日來回。

新手用的電動步道

玩雪盆的區域

札幌國際滑雪場
Sapporo Kokusa
🌐 https://www.sapporo-kokusai.jp/

 美食報報

滑雪中心的美食街有數間餐廳，披薩店「啄木鳥餐廳」，現烤披薩很受歡迎。山頂的 SKS INTERNATIONAL Café 是由定山溪的人氣冰品店經營，使用伊勢牧場直送的無添加牛奶製作的霜淇淋、花生奶油吐司是必點。

霜淇淋

現烤披薩

富良野滑雪場 Furano Ski Resort

富良野除了夏季薰衣草田，冬天是大人氣的滑雪場呢。地理位置在北海道中央地帶，氣候穩定，擁有蓬鬆細緻的粉雪。雪季長達半年，吸引海內外的滑雪愛好者聚集。

滑雪場分為左右兩側的富良野、北之峰兩區，中間有雪道相連，從初級坡道到非壓雪區，雪道豐富各有特色。富良野區有可同時容納百人搭乘的廂型纜車，將滑雪者快速送上山頂。

（照片由嚴媛提供）

富良野也適合新手體驗，幾條不同坡度與距離的初級滑道，適合循序漸進的學習，就算搭乘廂型纜車到山頂，也有綠線滑道一路到山腳，最長4km的滑行距離很過癮。山頂鬆雪滑道絕對是玩家最愛，邊眺望遠方的十勝岳、大雪山優美景色邊滑雪，是一生難忘的體驗。

✏ 特別活動

新富良野王子大飯店旁的「歡寒村」有許多玩樂設施，雪道輪胎滑行、Snow Café、Ice Bar、雪地香蕉船等，大人小孩都能玩得盡興。

「森林精靈陽台」更是必訪，一棟棟精巧的木屋錯落在森林中，浪漫有情調。我尤其喜愛入夜之後點燈，超有氣氛。木屋內展示以自然為主題的手工藝品，精雕細琢的木雕、紙雕、銀飾等讓人愛不釋手。

歡寒村

歡寒村的冰之酒吧

往森林深處走，「森之時計」（森の時計）咖啡是電視劇「溫柔時光」的主要場景，在拍攝結束後由王子大飯店接手經營。最佳座位是吧台，自己磨咖啡豆，再交由師傅手沖咖啡。幾款甜點蛋糕也很讚。

富良野滑雪場　Furano Ski Resort

🌐 https://www.princehotels.co.jp/ski/

 住宿推薦

　　富良野、北之峰兩區分別有新富良野、富良野王子大飯店。新富良野王子飯店的「紫彩之湯」天然溫泉，有室內、露天風呂與松木桑拿室，我很愛泡湯後在有大落地窗的休息室欣賞雪景。

　　晚餐可在自助餐餐廳享用時令海鮮、蟹腳吃到飽等豐富美饌，或前往法式、日式料理餐廳用餐。

⛰ 北海道富良野市中御料　🌐 https://www.princehotels.co.jp/shinfurano/

星野 Tomamu 渡假村 Hoshino Resorts Tomamu

（星野集團提供）

　　頂級旅宿星野集團，在北海道酷寒地帶打造一座奇幻冰村。活動與設施琳瑯滿目，兒童戲雪區可以玩雪盆、雪橇，想要更刺激，有雪地摩托車、雪地泛舟、騎馬體驗，每天都很精彩充實。

　　滑雪場的優質粉雪廣受好評，豐富的各級別滑道，有新手練習區，進階者可挑戰壓雪車行程，或是登記申請進入「上級者限定解放滑道」，徹底體驗鬆雪魅力。

（星野集團提供）

霧冰平台

在零下氣溫時，水及霧氣附著在樹枝上，形成晶瑩剔透的霧冰，山頂的「霧冰平台」是最佳觀賞景點。除了觀賞凜冬美景，還能品嘗霧冰造型的甜點。

霧冰平台（星野集團提供）

微笑海灘 & 木林之湯

日本最大的室內造浪泳池，常年維持 30 度以上的溫暖氣溫，冬天也能開心戲水。泳池旁的木林之湯，有美麗的露天溫泉池。

愛絲冰城

　冬季到 Tomamu 不能錯過的
夢幻體驗。零下 20 度左右的氣
溫才能搭建一棟棟愛斯基摩人
小屋，有冰之酒吧、冰之餐廳、
冰之旅館、冰之教堂等設施。
冰之旅館包括家具都由冰塊製
成，入住能享受新奇的冰之露
天風呂！

冰之酒吧（星野集團提供）

愛絲冰城全景（星野集團提供）

美食報報

9 間店鋪組成的 Hotalu Street，與滑雪場相通，滑雪者能直接滑進街道內。CAMARO STEAK DINER 提供北海道道產牛牛排、起司漢堡排；Mrs. Farm Designs 有美味的日式糰子與體驗動手刷抹茶。

CAMARO STEAK DINER
的北海道道產牛牛排

Mrs. Farm Designs
日式糰子與刷抹茶體驗

住宿推薦

星野度假村擁有 The Tower、RISONARE Tomamu 兩個飯店設施。前者位在度假村中心，後者為面積 100 ㎡ 以上的豪華套房，地點較為隱蔽、環境清幽。

1 | 2　Club Med 飯店以及飯店房間

滑雪場旁另一棟住宿設施 Club Med Tomamu，提供全包式服務，交通、住宿、餐飲和娛樂活動都一價全包。由法國設計師設計的客房溫馨時髦，三餐料理美味可口，酒水無限暢飲，也可額外付費品嘗高階的清酒、日本威士忌等。

雪鞋健行

星野 Tomamu 度假村滑雪場
🌐 https://www.clubmed.com.tw/

Club Med Tomamu 豐富的晚餐

付費品嘗日本威士忌

分級滑雪課程

兒童滑雪學校

Kiroro 滑雪場 Kiroro Snow World

擁有不輸給二世谷的優異粉雪，雪季更長達
至 5 月。距離小樽僅 40 分鐘車程，滑雪場在
季中有安排往來小樽的付費接駁車。

Kiroro 滑雪場分為兩區，左側長峰、右側朝
里兩座山頭。朝里有廂型纜車直上山頂，不滑
雪的遊客也能搭乘上山欣賞風景，敲響山頂
的幸運鐘。長峰區的滑道，天晴時能看到日本
海，風景優美。

（Kiroro Club Med 提供）

Kiroro 很適合初心者學習，初級滑道都寬廣好滑。滑雪場也規劃「粉雪區」、「界外滑雪區」滿足玩家需求。Kiroro Kids Academy 提供兒童滑雪教學。

Kiroro 滑雪場
Kiroro Snow World
🌐 https://www.kiroro.co.jp/

山頂直下長達 4 公里的滑道

🍴 美食報報

2022 年冬季開幕的新餐廳 Brasserie Akaigawa，提供滑雪場所在的赤井村的新鮮蔬菜和肉類料理。滑雪中心的 CAFETERIA LUMIERE 有牛丼、海鮮蓋飯，法式風格咖啡店 Café le lift 有紅酒燉牛肉、鹹派等輕食。

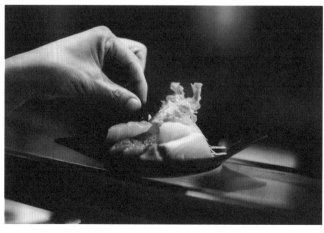

Club Med Kiroro 飯店內餐廳
提供日法新式料理
（Club Med Kiroro 提供）

住宿推薦

　　渡假村內共有三間飯店：Club Med 的 Kiroro Peak 行館、Kiroro Grand 本館，都是全包式假期服務，包括住宿、餐食酒水、滑雪課程、纜車票、體驗活動等。Kiroro Peak 行館只接待 12 歲以上的客人，環境安靜並具隱私性。Kiroro Grand 本館將於 2023 年開幕。

　　Club Med 飯店內有露天風呂，雪地活動後泡湯是最幸福的享受。也規劃一系列的雪地活動提供給房客，如雪地騎馬、冰釣體驗，部分活動需額外付費。

　　另一間飯店 Yu Kiroro 是精緻豪華的公寓型酒店，房間有客廳、廚房、臥室，適合揪朋友相約出遊，或是家庭入住。一樓的 Yukashi 餐廳早、午、晚餐時段皆有營業。

Yukashi 餐廳

Yu Kiroro 公寓型酒店

Club Med Kiroro 露天風呂

🚶 留壽都滑雪場 Rusutsu

　　曾獲得 World Ski Awards「日本最佳滑雪度假村」殊榮，是北海道最大的單一滑雪場，優質粉雪吸引高手玩家前來。渡假村內有多間餐廳酒吧、溫泉、商店街等，設施完善便利。

　　滑雪場橫跨西山、東山、Isola 三座山頭，有纜車互相銜接。初心者適合在西山或東山練習，Isola 山以中高階滑道為主，幾條紅黑線滑行距離夠長很過癮，還能體驗樹林區滑雪。天氣晴朗時，在 Isola 山頂能眺望羊蹄山、洞爺湖的壯麗風景。

　滑雪學校有許多外籍教練可進行英語教學，也有合作的中文滑雪學校。熱門時段易額滿，建議提前上網預約。

留壽都滑雪場 Rusutsu
🌐 https://rusutsu.com/

✏️ 特別活動

渡假村內的雪地玩樂活動繽紛多彩，北國限定體驗「狗拉雪橇」，看著狗狗們在雪地上奮力前進的樣子，讓人著迷。還有雪地騎馬、雪地摩托車、雪地橡皮艇等活動，充滿驚喜與刺激。

狗拉雪橇

雪地摩托車

🍴 美食報報

　滑雪場西山 Horn 餐廳，留壽都高原豬肉製作的薑汁燒肉定食很受歡迎；Isola 山 Steamboat 餐廳的蛋包飯是人氣必點。南北館飯店內的 Névé Café 提供飲品與甜點蛋糕，Cricket 酒吧的燒烤料理與啤酒是我的私房推薦。

Névé Café

住宿推薦

　　渡假村內三間飯店，價位由低至高分別為南北館、威斯汀酒店、The Vale Rusutsu 公寓型飯店。南北館有雙人房、三人房、兒童友善房型等，渡假村地標旋轉木馬，大部分的餐廳、商店與溫泉都設置在這。

　　留壽都威斯汀酒店榮獲 2022World Ski Awards 日本最佳滑雪飯店，設施與服務都頂級。房間皆為樓中樓房型，兩層樓分設臥室、客廳，挑高的空間感受舒適不壓迫。推薦山景房，眺望滑雪場與遠方山巒，美得讓人捨不得離開房間。

　　The Vale Rusutsu 在 2020 年開幕，裝潢風格低調奢華，套房內有客廳、廚房、臥室。頂樓的頂樓公寓（penthouse），180 度環景景觀超好，有 4 間套房、陽台按摩池等豪華設施。

二世谷滑雪場 Niseko

　　2022富比士全球滑雪場排行榜，二世谷排名17，是日本唯一進榜的滑雪場。世界頂尖的優質粉雪，吸引大量歐美遊客，因此滑雪場與大部分的飯店餐廳都有英語對應的員工。

　　二世谷聯合滑雪場（Niseko United）由4個雪場組成，分別為花園（Hanazono）、比羅夫（Hirafu）、安努普利（Annupuri）及二世谷村（Village）。花園滑雪場規模較小，但近幾年整修了滑雪中心與餐廳，搭建廂型纜車與新滑道，整體設施煥然一新。

花園滑雪場

比羅夫滑雪場

比羅夫山腳是二世谷較熱鬧的地區，有較多的飯店民宿、餐廳和商店。雪場上的大溫度計是熱門打卡點，廂型纜車夜間也開放，廣大的夜滑區域傲視其他日本雪場。

二世谷比羅夫滑雪場

夜間滑雪

二世谷村滑雪場的滑道整體偏中高級，禁止非該雪場的教練進入教學（只有二世谷村的滑雪學校能在這教學之意。）安努普利滑雪場有平緩開闊的初級滑道，最適合第一次滑雪體驗。

二世谷滑雪場擁有頂級粉雪（Park Hyatt Niseko 提供）

二世谷滑雪場 Niseko
🌐 https://www.niseko.ne.jp/en/

周邊景點

📍 高橋牧場

靠近二世谷村滑雪場，冬天二世谷滑雪巴士的停靠站牌是 Milk Kobo。園區內有多間餐廳和商店，並能眺望羊蹄山美景。牛奶工坊有奶香濃郁的起司塔、泡芙和冰淇淋。再到對面的 Cacao Crown 喝一杯自家烘焙可可豆做的熱巧克力，巧克力粉也是必買伴手禮。

高橋牧場牛奶工坊

高橋牧場巧克力粉、新鮮乳酪、起司塔

高橋牧場 Mandriano 披薩餐廳

Restaurant PRATIVO 餐廳的蔬菜料理是亮點，Mandriano 披薩餐廳使用牧場新鮮牛奶製作的披薩和料理，保證一吃難忘。食材都是牧場自產，到高橋牧場來一趟美食美景巡禮，能深深感受來自北海道豐饒大地的精華美味。

花園滑雪場的 Edge 餐廳座位數多，有螃蟹拉麵、鮭魚卵丼飯、披薩和漢堡等。想喝一杯也有精釀啤酒。

　　寒冷冬夜就想吃熱騰騰的食物，乾杯 Shabu Shabu 吃到飽火鍋，多種湯頭選擇，推薦麻辣和豆乳湯。選用北海道產的牛、豬、雞肉，以及海鮮。還有酒精飲料無限暢飲方案，提供到飯店的免費接送服務（需預約）。

Kanpai Shabu Shabu

Edge 餐廳

🏠 虻田郡倶知安町ニセコひらふ 4 条 1 丁目 1 番 9 号 🕐 16：00-23：00

🌐 http://niseko-kanpai.jp/jp/

二世古花園柏悅酒店

📍 二世古柏悅酒店

二世谷奢華旅宿，二世古柏悅酒店（Park Hyatt Niseko Hanazono）絕對是代表。花園滑雪場 ski in/out，山景房能眺望羊蹄山美景。推薦品嘗飯店與法國知名甜點店 Pierre Hermé 合作的下午茶套餐。

二世古花園柏悅酒店（Park Hyatt Niseko 提供）

🏠 328-47 Aza Iwaobetsu, Kutchan-cho, Abuta-gun 🌐 https://www.hyatt.com/zh-HK/hotel/japan/park-hyatt-niseko-hanazono/ctsph

My ecolodge

　　小資住宿首選，位在比羅夫和俱知安中間，B&B 價錢實惠卻有超值服務：每日多班到比羅夫滑雪場的接駁車，以及到 JR 俱知安車站免費接送。有雙人房、4 人房。設有餐廳，每層樓也有公共廚房。

70-15 Yamada, 虻田郡俱知安町 Abuta District 🌐 http://my-ecolodge.com/

雪二世谷 Setsu Niseko

　　比羅夫的精緻的公寓型酒店，房間配有完整的廚具、洗碗機與洗烘衣機，客廳的大落地窗獨享羊蹄山美麗雪景，根本豪宅等級。設有私人溫泉，提供給想有隱私的客人。

虻田郡俱知安町ニセコひらふ 1 条 2 丁目 6 番 9 号 🌐 https://setsuniseko.com/en/

Chapter 5

五個熱門溫泉勝地

日本人是最熱愛泡溫泉的民族，年年有「日本溫泉百選」全國票選活動，能上榜的溫泉勝地個個不簡單。2022 年（第 35 屆）的排行榜，北海道的登別溫泉名列第 6，其餘入選的還有十勝川（第 22 名）、湯之川（第 24 名）、定山溪（第 39 名）、洞爺湖（第 48 名）、阿寒湖（第 52 名）等。

另一項「人氣溫泉旅館 250 選」票選，由專業人士依據料理、服務、溫泉、設施、氛圍等評分，連續五年入榜的旅館更能獲得「5 星之宿」（5 つ星の宿）殊榮，是日本溫泉旅館最高評價。這兩項榜單都很具指標性，想找個舒適泡湯的旅行目的地，不妨參考看看。

5 星之宿認證證書

 日本溫泉百選
🌐 https://www.kankokeizai.com/index_100sen/

 人氣溫泉旅館 250 選
🌐 https://www.livedo.net/onsen/nippon2.html

日本人也發展出講究的泡湯文化。來到溫泉旅館，女將接待，換上浴衣享受溫泉的美好洗禮，接著品嘗旅館精心製作的會席料理，到溫泉街走走逛逛感受懷舊氣氛，是溫泉旅行的醍醐味。

有些溫泉旅館推出「日歸溫泉」（日帰り溫泉），是讓非住宿的旅客，在指定時間付費泡湯，體驗旅館的精采溫泉，甚至有搭配餐食的套裝方案。而沒有開放日歸溫泉的旅館，則營造房客獨享的溫泉時光，各有不同的泡湯樂趣，

溫泉旅館的大浴場都是裸湯，害羞不敢泡裸湯的話，有些溫泉旅館有付費私人湯屋（貸切風呂），適合情侶與家人一起使用。

接下來，讓我們一起遊覽北海道的溫泉勝地吧。

♨ 定山溪溫泉

　　別稱札幌的後花園，距離札幌市區不到一小時車程，古老的火山地帶提供豐富的溫泉泉源。豐平川流經溫泉街中心，溪谷景觀與春櫻、夏綠、秋楓、冬雪，豐富多彩的四季風景，吸引旅人們絡繹不絕慕名而來。

🚌 札幌出發搭乘「河童 LINER 號」（かっぱライナー号）約 60 分鐘，大人 960 日圓，需預約。路線巴士約 75 分鐘。（部分溫泉飯店提供從札幌出發的來回接送服務。）

河童
LINER 號

路線巴士

河童家族祈願手湯

　　當地流傳的河童傳說,化身為可愛的吉祥物河童「Kappon」,在定山溪溫泉隨處能看到不同造型的河童雕像。其中「河童家族祈願手湯」已成為地標,遊客以木杓舀起溫泉水,澆在河童石像的頭上,泉水會從河童嘴巴流出,非常有趣。據說以河童口中流出的泉水洗淨雙手之後祈福,可以心想事成。

定山源泉公園

　　為了紀念定山溪溫泉開拓者而建,可以邊泡足湯邊欣賞溪谷美景,還有煮溫泉蛋的「溫泉蛋之泉」。開放時間:7:00 ～ 21:00,免費參觀。

✏ 特別活動

定山溪溫泉雪燈之路

　　每年二月初舉辦,在定山溪神社周遭製作上千盞雪燈,夜晚遊客點上蠟燭並許願,點點燭光映照在雪地上,格外動人。

二見吊橋

　　二見公園內供奉著河童大王像，公園深處就是二見吊橋。紅色的二見吊橋儼然是定山溪溫泉的象徵，在此能眺望「二見岩」和傳說中的「河童淵」。

足浴之交太郎之湯

河童太郎的雕像

足浴之交太郎之湯

定山溪溫泉隨處可見到河童雕像

　　「以足會友」吧！冬天到此泡個暖呼呼的足湯，再溫暖不過。足湯為免費使用，旁邊有自動販賣機販售毛巾，空手來泡湯也 ok。足湯的名稱來自旁邊的河童太郎雕像。

美食報報

J·glacée

　　使用當地農民栽種的蘋果製作成蘋果派，細心熬煮酸甜蘋果內餡，並以味醂取代糖；高溫烘烤的外皮酥脆，非常好吃。北海道牛奶霜淇淋上淋上當地採收的糖漬水果，藍莓、梨子、桃子…等，是絕好滋味。

淋上糖漬水果的霜淇淋

招牌商品蘋果派

札幌市南区定山渓温泉西 4 丁目 356　9：00 ～ 17：00（每月公休日請見官網）
http://www.jglacee.jp/

坂ノ上の最中

　　將日式傳統點心「最中餅」結合西式甜品的全新甜點「MONAKA」，以最中餅夾住費南雪與不同口味的慕絲內餡，銷量非常好，常常在中午過後就完售。

札幌市南区定山渓温泉西 3 丁目 105 番地　10：00 ～ 14：30（週四公休）　http://www.jyozankei-daiichi.co.jp/sakano_ueno_monaka/

住宿推薦

定山溪豪景飯店 5星之宿

　　定山溪溫泉有多間大型溫泉飯店，定山溪豪景飯店沿著溪谷建立，如詩如畫的景觀獲得好評。提供至札幌車站的免費接駁服務。

　　飯店分為本館與新館，是相連的，有日式與西式房型。推薦住山景房，山巒與溪谷的優美景觀無敵。設有自助餐廳、懷石料理、咖啡廳等，自助餐廳早餐的自製海鮮蓋飯，鋪滿各式魚料再淋上滿滿的鮭魚卵是亮點。

　　飯店內有兩處溫泉，大浴場「湯醉鄉」有室內溫泉、露天溫泉、按摩池、三溫暖等。推薦必去頂樓的「星天」展望風呂，360度無死角的環景，享受被群山環繞的壯麗風景，讓人徹底忘卻日常煩憂。展望風呂有分男、女生不同使用時段，要先看好時間。

飯店大廳

西式客房

自製海鮮蓋飯

185

室內溫水泳池「水之王國 Lagoo」是佔地 4,000 平方公尺的水上樂園，全長 50 公尺的蜿蜒水滑梯刺激有趣，以及造浪池、水療區等，小朋友也有淺水區與兒童專用池。房客免費使用，須穿著泳衣。

室內溫水泳池「水之王國 Lagoo」

♨ 札幌市南区定山溪溫泉東 2 丁目 ♨ 日歸溫泉：有（平日 14：00 ～ 21：00、周末與假日 10：00 ～ 15：00，年始年末有特別營業時間。成人 2,500 日圓、小學生 2,000 日圓）、私人湯屋：無 🌐 http://www.jozankeiview.com/

📍鹿之湯飯店

也是 5 星之宿。除了能感受到傳統風情的日式房間，也有和洋房型。大浴場室內溫泉有多種浴池，露天溫泉可眺望溪流景觀，入夜之後點燈更具氣氛，營造獨特的溫泉時光。

♨ 札幌市南區定山溪溫泉西 3 丁目 ♨ 日歸溫泉：有 🌐 https://shikanoyu.co.jp/shikanoyu/

📍定山溪第一寶亭留翠山亭

典雅的高級溫泉旅館，有日式與西式客房，豪華套房有超過 100 平方公尺的寬敞空間，並附有私人溫泉池。設有三間餐廳，大浴場有室內浴池、露天浴池、按摩浴缸、桑拿等，讓旅人放鬆心情，享受定山溪溫泉的美好洗禮。

♨ 札幌市南區定山溪溫泉西 3 丁目 105 ♨ 日歸溫泉：無 🌐 http://www.jyozankei-daiichi.co.jp/jyozankei/

♨ 登別溫泉

　　年年佔據日本溫泉百選榜單前 10 名，説是北海道第一名泉也不為過。最大的特色是擁有高達 11 種泉質，一趟旅程能體驗多種溫泉。火山遺跡的「地獄谷」是人氣景點。

🚌 火車：札幌至登別站約 1 小時 20 分鐘，單程 2,420 日圓。再換搭公車前往登別溫泉。巴士：札幌出發搭乘道南巴士「高速溫泉號」（高速おんせん号）約 2 小時，單程 2,200 日圓。須注意一天只有 1~2 班次 💬 登別車站內有付費置物櫃、行李寄存服務，部分溫泉飯店提供從札幌出發的來回接送服務

巴士

必訪景點推薦

地獄谷

　　從商店街步行數分鐘就能抵達。日和山火山噴發的火山遺跡，火山帶來豐沛泉源與硫磺刺鼻味，土地呈現赤紅色，隨處有氣體噴發，寸草不生的荒涼景致如同身在地獄，因此得名。推薦沿著木棧步道漫步深入地獄谷，感受大自然鬼斧神工的奧妙。

　　從地獄谷往上，有健行步道通往奧之湯、大湯沼等景點，時間充裕可安排 2-3 小時步行一圈，感受森林芬多精的洗禮。

1｜2　登別地獄谷

源泉公園

在商店街入口旁，公園內 8 個方位放置 8 座不同顏色的狼牙棒，象徵不同的運勢，誠心許願會帶來好運呢。公園內的間歇泉每 3 小時噴發，噴出的泉水高達 8 公尺，熱氣瀰漫並伴隨著巨大聲響，非常壯觀。

源泉公園間歇泉

1｜2　源泉公園分別位在八個方位的狼牙棒（遠景和特寫）

極樂通商店街

雖僅 500 公尺，兩側的餐廳商店非常好逛。不能錯過代表美食「地獄拉麵」、「溫泉市場」美味海鮮的、「杉養蜂園」甜蜜蜂蜜霜淇淋。老店「大黑屋」展售各種傳統手工藝品。充滿懷舊風情的溫泉街，夜晚穿著浴衣在溫泉街漫步，別有一番樂趣。

味の大王拉麵店

杉養蜂園

溫泉市場

極樂通商店街大黑屋

惡鬼出沒！登別湯神鬼

　「湯鬼神」雖被稱為「鬼」，卻是守護溫泉的善良神明。在登別處處可見造型迥異的湯鬼神雕像，在登別車站外的歡迎鬼、地獄谷入口的念佛鬼像（青鬼與赤鬼），以及商店街內保佑健康的淋湯鬼藏、分別保佑生意興隆、戀愛成就、考試合格的象徵之鬼。甚至也做成公仔娃娃，成為人氣伴手禮。

登別伊達時代村

　彷彿穿越時空來到江戶時代，還有忍者出沒中！時代村復刻江戶時代的街道、武士住家，有忍者秀、花魁秀、戶外武打秀等，在此體驗復古風情。也能租借忍者、武士服裝拍照留念。

⌂ 登別市中登別 53-1　🕐 夏季（4月 1 日－ 10 月 31 日）9：00 ～ 17：00，冬季（11 月 1 日－ 3 月 31 日）9：00 ～ 16：00　🏷 成人 2,900 日元、小學生 1,600 日元、4 歲至學齡前兒童 600 日元

閻魔堂

　位在商店街內，每日表演 5 回的「地獄審判」是必看景點。原本笑咪咪的閻魔大王，在演出中一秒變臉成兇惡表情，進行審判。短短幾分鐘的審判結束，閻王的臉又會恢復慈善的樣子。免費參觀。

　🏔 登別市登別溫泉町（在商店街上的大黑屋附近）🕐 演出時間：10：00、13：00、15：00、17：00、20：00、21：00 ※ 因氣候因素，有時候會關閉閻魔堂

夢元さぎり湯

　若只到登別溫泉一日遊，沒有住宿、又想泡湯，推薦到商店街上的夢元さぎり湯，是登別溫泉唯一的公共澡堂，室內溫泉設有按摩浴池、桑拿烤箱，泡湯之後可在休息室休息。來體驗在地感十足的公共澡堂吧。除了入場費之外，盥洗用品、毛巾另需付費租借。

　🏔 登別市登別溫泉町 60 番地 🕐 7：00 ～ 21：00 最後入場 20：30 🏷 成人 450 日元、小學生 180 日元、學齡前兒童免費，另有一日券（全日可自由進出，並可使用付費休息室）🌐 http://sagiriyu-noboribetsu.com/

住宿推薦

第一瀧本館 　5 星之宿

　　老字號的第一瀧本館，是當地屬一屬二的大型溫泉飯店，佔地 5,000 平方公尺的巨型大浴場，面積幾乎是小型溫泉旅館的規模，根本就是溫泉遊樂園！使用天然溫泉水，有 5 種不同的泉質、35 座浴池，出色的泉質並擁有極佳景觀視野，邊泡湯邊觀賞地獄谷絕景，溫泉迷絕對必訪。

　　大浴場外的「飲泉處」，提供直接飲用的溫泉水，據說對胃腸病等很有效，能增進健康。飯店並使用溫泉水來烹煮部分餐點。泡溫泉、飲溫泉、食溫泉，是在第一瀧本館才有的難得體驗。

　　飯店分為南館、東館、西館和本館，有不同房型。必須要説，飯店畢竟歷史悠久了，我推薦 2018 年翻修的東館，設施較新，房間面對中庭庭院造景，景觀很好。南館有價位較實惠的基本雙人房，也有 2019 年新裝修的和式房。

第一瀧本館

第一瀧本館溫泉飲泉處

第一瀧本館東館日式客房

自助餐廳有蟹腳吃到飽，以及日式料理餐廳「湯之里」，依據季節變化設計的懷石料理，以最能發揮食材美味的方式烹飪。在這裡能盡情享受溫泉與美食，留下登別溫泉最暖心的回憶。

最後分享小撇步，如果預算有限、又想享受第一瀧本館的溫泉設施，除了日歸溫泉方案，也能住宿斜對面的分館「瀧本 INN」，房價較實惠，除了瀧本 INN 自有的浴場，房客也可到第一瀧本館泡湯。

第一瀧本館湯之里餐廳的懷石料理

🏠 登別市登別溫泉町 55 番地 ♨ 日歸溫泉：有（9：00～16：00 成人 2,250 日圓、孩童 1,100 日圓，16：00～18：00 成人 1,700 日圓、孩童 825 日圓），私人湯屋：無 🌐 https://takimotokan.co.jp/zh-hant/

📍 登別馬可波羅溫泉飯店

擁有號稱日本最大級別的露天風呂，4 種泉質、31 個浴池，甚至還有滑水道。部分房型有私人露天溫泉，螃蟹與和牛的自助式晚餐很受歡迎。

🏠 登別市登別溫泉町 65 ♨ 日歸溫泉：無 🌐 http://www.h-mahoroba.jp/

📍 滝乃家

雅致的溫泉旅館，擁有自豪的「庭園」與「料理」。佔地二千坪的日式庭園，打造全然放鬆與享受的空間，職人精心烹調的料理美味無比，是當地的人氣溫泉旅宿。

🏠 登別市登別溫泉町 162 ♨ 日歸溫泉：無 🌐 http://www.takinoya.co.jp/

洞爺湖畔眺望
羊蹄山

♨ 洞爺湖

洞爺湖最令我難忘的景色，是從湖畔眺望號稱「蝦夷富士」的羊蹄山。天氣晴朗時，湖面倒映著積雪的羊蹄山，湖光山色的秀麗風景，也讓洞爺湖被選為日本百景、北海道三景之一。

洞爺湖有巴士可前往鄰近的留壽都、二世谷等滑雪場，冬天就來一趟溫泉滑雪之旅吧。

🚃 火車：札幌至洞爺站約 1 小時 13 分鐘，單程 3,630 日圓。再從車站換搭道南巴士前往洞爺湖溫泉。巴士：札幌搭乘道南巴士「札幌洞爺湖線」約 2 小時 45 分鐘，單程 2,830 日圓。道南巴士也有往來洞爺湖與留壽都、二世谷的巴士班次 💬 部分溫泉飯店提供從札幌出發的來回接送服務。

巴士
路線與時刻表

洞爺湖溫泉觀光協會
🌐 https://www.laketoya.com/

洞爺湖畔雕刻公園

　　洞爺湖將湖畔步道規劃為「戶外雕刻公園」，沿途展示 58 座日本知名雕刻家的作品。優雅的藝術作品融入自然環境之中，成為獨一無二的特殊景致。

洞爺湖遊船

　　湖面冬天不結凍，四季都能搭乘遊船，從各角度體驗洞爺湖之美。遊船外觀為中世紀的歐洲古堡，裝飾華麗。夏季搭乘可在湖中央的中島下船遊覽參觀。若不下船參觀，搭乘時間約 50 分鐘。

洞爺湖遊船

洞爺湖花火船

　　每年 4/28 － 10/31 為洞爺湖花火節，每晚 20：45 到 21：05，從湖上施放 20 分鐘的煙火。也可搭乘遊船近距離觀賞煙火秀。

洞爺湖遊船

🏷 夏季：4 月下旬至 10 月底，9：00 ～ 16：30（每 30 分鐘一班），冬季：11 月初至 4 月上旬，09：00 ～ 16：00（每 60 分鐘一班），票價：成人 1,420 日圓，小學生 710 日圓 🌐 https://www.toyakokisen.com/

昭和新山 & 有珠山纜車

　　距離洞爺湖溫泉街有段距離，要搭公車才能抵達 (冬季公車停駛，請搭乘計程車)。搭乘纜車 6 分鐘即可登上有珠山，右側是洞爺湖展望台，居高臨下眺望，洞爺湖與昭和新山的壯麗風景一覽無遺，心情瞬間開闊。活火山昭和新山在昭和年間曾經爆發過，至今仍散發著熱氣與煙霧。山頂另一側有火口原眺望台，能觀察火山熔岩地形。

1 | 2　有珠山纜車

從山上眺望昭和新山

從山頂眺望洞爺湖

有珠山纜車

🚌 JR 洞爺站前乘坐往洞爺湖溫泉總站的道南巴士至終點站下車 (需 15 分)，再轉乘前往昭和新山的道南巴士，於終點站下車 (需 15 分)。冬季與昭和新山的巴士停駛。下車後再轉乘前往昭和新山的道南巴士，於終點站下車，車程同樣大概 15 分鐘　🕐 不同季節有不同營運時間，最早 8：15 開始，最晚夏季會營業至 18：45，請參照官網時刻表　🏷 成人 1,800 日圓，小學生 900 日圓
🌐 http://usuzan.hokkaido.jp/tw/

洞爺湖溫泉冬季燈節

　　每年冬天洞爺湖都會舉辦燈節，70 公尺長的彩燈隧道，以超過 40 萬顆燈泡裝飾的五彩繽紛，雖是個小型燈節，但氣氛仍是浪漫無比。

🕐 每年 11 月初至 4 月底 🌐 https://www.laketoya.com/event/illumination/

美食報報

一本亭拉麵

　　獲得 2017 年北海道米其林指南推薦，湯頭的水質、麵條、叉燒的做法等，無一不講究。黑醬油拉麵是招牌，我也很推薦味增拉麵。

虻田郡洞爺湖町洞爺湖温泉 78 よそみ山通り 11：30 ～ 14：00，18：00 ～ 20：00 (若賣完會提早關門) 周一公休

http://www.43yg.net/ippontei/

望羊蹄

　　靠近遊船碼頭。是當地老字號的餐館，復古昭和風格的和風洋食餐廳，漢堡排是招牌，使用伊達洋蔥製作的法式洋蔥湯也很推薦。

虻田郡洞爺湖町洞爺湖温泉 36-12 11：00 ～ 16：00，17：00 ～ 20：30 不定時休，請見官網 http://www.boyotei.com/

SoupCurryHLAHAL（スープカレーハラハル）

　　餐廳名稱來自「Happy restaurant loved in the area with lake」的字首組合，使用北海道食材與嚴選肉品，以辛辣的湯咖哩引出食材的絕好滋味。餐廳前方正好沒有遮蔽物，二樓的座位有很好的視野觀賞湖景。

虻田郡洞爺湖町洞爺湖温泉 27-34

6 月－ 10 月 11：00 ～ 17：00、11 月－ 5 月 11：00 ～ 16：00 https://hlahal.com/

◆ WE Hotel Toya 洞爺湖微酒店　世界奢華酒店大獎

洞爺湖住宿價格隨著地點有落差，湖畔第一排的飯店收費較高，若選擇湖景客房就更貴了。

但是洞爺湖的美景絕對值得投資，WE Hotel Toya 由建築大師隈研吾設計，並以溫暖的木頭材質，打造出寧靜溫馨的溫泉旅宿，自然地融入當地風景。飯店並且榮獲 2018 年的世界奢華酒店大獎（World Luxury Hotel Awards）

WE Hotel Toya 與洞爺湖主要的溫泉街有段距離，環境顯得特別安靜。客房內的大落地窗，坐擁湖景絕佳視野，明亮的採光創造出通透感；原木地板以及家具的裝潢，讓整體氛圍典雅又舒適。陽台設有私人溫泉池，無隔閡的欣賞洞爺湖，景觀無敵。

飯店內的 EZO Cuisune 餐廳，天花板與梁柱波浪狀設計，展現洞爺湖面的波光粼粼的風貌。餐廳的概念是「美味的當地特產」，使用大量北海道食材，端上桌的豐盛佳餚美味極了，晚餐後再到酒吧小酌一杯，品飲北海道的清酒與威士忌。

溫泉大浴場在飯店外，與主建築有步道相連。有室內風呂和露天風呂，能盡情欣賞洞爺湖的湖光山色。飯店提供至洞爺湖車站的接送服務，需提前預約。

🏠 虻田郡洞爺湖町洞爺町 293-1 🕐 16：00 ～ 21：00 ♨ 日歸溫泉：有 🏷 成人 3,000 日圓 🌐 https://www.wehoteltoya.com/

📍 洞爺湖湖之栖飯店

低調隱密的溫泉飯店，入口需核對身分，確認是房客才能進入。空間、裝潢、隱私通通高規格，房間內有陽台和私人風呂，我很愛窗邊的躺椅，慵懶的躺著欣賞湖景，享受寧靜閒適的自在空間。頂樓的露天溫泉「空に浮かぶ露天風呂」，向湖心突出的設計與延伸的無邊際水池，泡在浴池中彷彿漂浮在空中，享受開闊的唯美湖景。

🏠 有珠郡壯瞥町洞爺湖溫泉 7-1 ♨ 日歸溫泉：無 🌐 https://www.konosumika.com/

📍 洞爺湖悠然庵旅館（ゆとりろ洞爺湖）

雖然不在湖邊，但價位比較平實，也是頗具規模的日式旅館。溫泉有檜木浴池、花崗岩浴池、露天浴池等，痛快的享受泡湯的樂趣。

🏠 虻田郡洞爺湖町洞爺湖溫泉 78 🕐 15：00 ～ 19：00 ♨ 日歸溫泉：有 🏷 大人 500 日圓，兒童 550 日圓 🌐 https://www.yutorelo-toyako.com/

♨ 阿寒湖

　以愛努文化聞名，是知名溫泉鄉，被雌雄阿寒岳包圍著，山脈與森林環繞的壯麗自然風景，勢必成為旅途最美畫面。冬季舉辦阿寒湖冰上嘉年華，可以玩到豐富的雪地遊樂設施，並且欣賞美麗的煙火。

其他季節的阿寒湖

在其他季節，可以搭乘遊船遊湖

▣ 交通

釧路機場出發：搭乘「阿寒線」巴士約 1 小時 10 分鐘，票價 2,190 日圓。

釧路出發：搭乘「阿寒線」巴士約 2 小時，票價 2,750 日圓。

阿寒巴士路線與時刻表
🌐 http://www.akanbus.co.jp/

▣ 行程這樣排

　若規劃在阿寒湖一帶一日遊，冬季可利用 White Pirika 號 (ホワイトピリカ号) 觀光巴士，沿途能上下車參觀景點。White Pirika 號介紹請看 98 頁。

道東釧路、阿寒湖觀光官網
🌐 https://tw.kushiro-lakeakan.com/

阿寒湖觀光網站
🌐 https://www.akanainu.jp/tw/

必訪景點推薦

幸運之森商店街

1│2　幸運之森商店街

　溫泉街上有許多飯店、民藝品店與餐廳。當地居住的愛奴族,認為自然界萬物皆是神靈的化身,反應在傳統工藝上,蝦夷鹿、棕熊、貓頭鷹、丹頂鶴等,各種動物與人為題材的木雕作品,手工細膩,是北海道代表性的紀念品。

　最有名的當屬「湖畔屋」,非誠勿擾電影在此取景,日本皇太子殿下也曾到訪。門口一尊笑咪咪的福神雕像很有福氣,成為熱門拍照地點。大型木雕作品價格不斐,小木雕或是首飾很好入手,為旅途留下紀念。

綠球藻商品　　　　　湖畔屋

　阿寒湖是「綠球藻」的主要生育地。綠球藻是種在高緯度湖泊生長的綠色藻類,圓滾滾的圓球形狀很討喜。商店街隨處可見綠球藻卡通化的商品,也做成果凍、飲品販售,是特色伴手禮。

綠球藻　　　　　　　特色木雕

阿寒湖愛奴村

　北海道唯一的愛奴族部落，完整保存與展示愛奴文化。除了愛奴族居住在此，也有商店與餐廳。入口處巨大的貓頭鷹雕像，是愛奴族的守護神象徵。

　村內設有愛奴生活紀念館、愛奴戲院「Ikor」，後者有愛奴者的歌舞表演。愛奴傳統舞蹈擁有悠久歷史，結合舞蹈、歌曲、樂器演奏等，擁有直達靈魂深處的震撼力，是北海道唯一認定為國家重要無形民俗文化遺產。

阿寒湖愛奴村

愛努戲院

愛奴生活紀念館

愛奴生活紀念館　🕐 10：00 ～ 21：00

阿寒族愛奴村

🏠 釧路市阿寒町阿寒湖温泉 4 丁目 7-19　🌐 https://www.akanainu.jp/

愛努戲院

🕐 表演時間約 30 分鐘。演出結束後可到舞台上和演員合影留念 🏷 成人 2,200 日圓，小學生 700 日圓 🌐 演出資訊：https://www.akanainu.jp/lostkamuy/

冬季奇景「霜花」

阿寒湖結凍湖面產生水霧冰凍的結晶，有如朵朵玫瑰綻放的「霜花」，在陽光照射下閃閃發亮，是冬季限定的震撼奇景，

產生霜花的條件，前晚沒有降雪、湖面沒有積雪，同時晴朗無風，氣溫維持在零下 15 度左右。最容易在清晨時分看到。日出之後氣溫上升，霜花就跟著融化了。

我很幸運遇到不錯的天氣，清晨在湖畔看到一些霜花，親眼看到真的很美又夢幻！如果想看到花海般盛開的霜花，當地旅行社有清晨出發的行程，帶領尋找霜花與欣賞日出。要注意湖面雖結冰，但有些地方比較薄容易碎裂，單獨在結冰湖面上行走尋找霜花有危險性。

冬季奇景霜花

✏ 特別活動

冬季的阿寒湖

阿寒湖冰上嘉年華

每年冬季的盛大祭典，在結冰湖面上舉辦各樣雪地活動，詳見 140 頁。

美食報報

お食事処味心

歷史悠久的老店，使用季節食材製作的生魚片、日式定食、丼飯、拉麵等，以及阿寒湖特產的姬鱒、鹿肉料理。有中文菜單，推薦點一杯「綠球藻特調」\Mojito，將綠球藻造型的果凍放入 Mojito 內，視覺與味覺都是亮點。

釧路市阿寒町阿寒湖温泉 1-3-20
11：00 ～ 13：00，18：00 ～ 22：00
https://ajishin2848.parallel.jp/

味心的鹿肉丼　　　　味心的綠球藻 Mojito

Pan De Pan

紅色系裝潢時髦又活力十足。使用北海道小麥、雄阿寒岳地下水製作麵包，出爐時間店內外瀰漫著濃濃的烤麵包香氣，搶手的不得了。大納言紅豆麵包 (大納言ハーフ) 是人氣熱銷品，也有三明治、甜點等，我很喜歡用法國棍子麵包做的三明治。

店內設有座位並販售咖啡。門口旁還有免費的足湯，冬天泡一下，暖呼呼的。不遠處有新開的姊妹店 Bar de Pan，提供更多輕食的用餐選擇。

Pan De Pan 的三明治

釧路市阿寒町阿寒湖温泉 1 丁目 6 番 6 号　9：00 ～ 17：00　https://tsurugasp.com/akan-pandepan/

住宿推薦

📍 阿寒遊久之里鶴雅飯店 5 星之宿

　　鶴雅集團在北海道擁有多間高級溫泉飯店，在阿寒湖畔就有 4 間飯店，前面介紹的 Pan De Pan 麵包店也隸屬於鶴雅集團。

　　其中鶴雅遊久之里、鶴雅之翼兩間飯店是相連的，大廳與相通的走道，陳列當地藝術家的雕刻作品，也有展示綠球藻的水族箱，深度融入在地文化。

阿寒遊久之里鶴雅飯店

$\frac{1}{2}$ 大廳展示的木雕作品

　　我推薦遊久之里飯店，除了頂樓有露天溫泉，選擇別館房型更為精緻舒適。在專屬休息室辦理入住手續，享用飲品與餅乾小食，還有浴衣租借，能好好的體驗日式溫泉假期。

　　別館房間在高樓層，融合傳統和風與西式歐風的設計，部分房型有面湖的溫泉浴池，還有按摩椅！在套房內泡湯休息，欣賞山水美景，是讓身心都溫暖的幸福時光。

別館房型

大浴場更是棒的不得了，一樓的大浴場有日式庭園造景，推薦一定要泡泡頂樓的露天溫泉「天女之湯」，眺望壯麗湖景全景。一樓和頂樓的浴場，有區分時段給男女湯使用。遊久之里、鶴雅之翼的房客，能自由使用兩間飯店的溫泉，鶴雅之翼飯店的浴場有岩盤浴。

　　飯店有西式自助餐餐廳，懷石料理與鐵板燒的日式餐廳，提供豐富的美食饗宴。自助餐早餐能品嘗到 Pan De Pan 的麵包。

飯店內的懷石料理餐廳

飯店自助餐的精緻菜色

🏠 釧路市阿寒町阿寒湖溫泉 4 丁目 6 番 10 號 🚌 Lake Akan Express Bus，由札幌與新千歲出發，停靠阿寒湖各間鶴雅飯店。冬季 1—3 月期間，有從釧路出發的房客專屬巴士，成人單程 1,000 日幣，需先預約 ♨ 日歸溫泉：有 🌐 https://www.tsuruga.com/tw/

📍 新阿寒飯店

　　湖畔的大型溫泉飯店，頂樓的空中花園水療中心（需著泳衣）視野絕佳，大浴場也能欣賞遼闊湖景。自助餐豐富的海鮮料理讓人十足滿意。

🏠 北海道釧路市阿寒町阿寒湖溫泉 2-8-8 🕐 12：00 ～ 17：00 ♨ 日歸溫泉：有
🏷 大人 1,300 日圓，兒童 650 日圓，毛巾需自備或租借（300 日圓）
🌐 https://www.newakanhotel.co.jp/

♨ 湯之川溫泉

湯之川溫泉是北海道三大溫泉之一，濱海的地理位置有著令人難忘的景致，邊泡湯、邊眺望遼闊的津輕海峽，海面上漂浮著漁船的點點漁火，為海岸的靜謐氣氛，增添浪漫優雅氣息。

在函館市電「湯之川溫泉」站旁有免費足湯溫泉。往海灣的方向走，許多高級溫泉飯店聚集在此區，也有當地人喜愛前往的錢湯。

湯之川溫泉離函館機場很近，車程只要 10 來分鐘，也是日本國內最靠近機場的溫泉區。如果來到函館旅行，很推薦行程最後一晚安排住宿在湯之川溫泉，隔天早上能悠閒泡個湯，再去搭機。

望樓 NOGUCHI 函館飯店樓中樓套房的景觀浴池

■ 交通

函館機場出發：搭乘路線巴士「96 系統」，在湯之川溫泉站下車。票價 290 日圓。

函館車站出發：搭乘函館市電在「湯之川溫泉站」下車。市電搭乘方法、票價請見函館介紹。

■ 觀光資訊

函館湯之川溫泉旅館協同組合
🌐 https://hakodate-yunokawa.jp/lan/tw.html

必訪景點推薦

函館熱帶植物園

猴子泡湯

　冬天來到函館，一定要把熱帶植物園排到行程裡：在湯之川泡完湯，接著就到熱帶植物園看猴子泡湯！園內的獼猴，冬天會成群浸泡在溫泉池內，看著猴子們一臉陶醉的泡湯，臉蛋被熱氣薰染的通紅，讓人忍不住莞爾一笑。建議挑冷一點、下雪的天氣來，會有比較多的猴群泡在溫泉裡喔。植物園內還有大型溫室，種植各種珍奇花卉植物。

溫室

函館熱帶植物園入口

美食報報

📍 一文字拉麵

　到函館一定要吃碗道地的鹽味拉麵。一文字拉麵曾獲得日本節目電視冠軍的拉麵王，總店位在湯之川溫泉區，湯頭和麵條都在水準之上，也推薦來份煎餃喔。

🏠 函館市湯川町 2 丁目 1 番 3 号　🕐 11：00 ～ 23：00
🌐 http://www.ichi-monji.com/2018/

住宿推薦

📍 望樓 NOGUCHI 函館　[5 星之宿]

　飯店主題為「洗鍊的大人空間」，融合日本傳統與現代設計，提供旅人完全放鬆的空間。大廳旁有著日式庭院造景，在此辦理入住手續，並品嘗湯之川老店銀月的糯米糰子，讓心情慢慢沉澱放鬆，切換為假期模式。

大廳的日式庭園造景

　樓中樓套房是望樓最豪華、最受歡迎的房型，兩層樓加起來足足有 120 平方公尺的寬敞空間，有一間榻榻米的起居室，景觀溫泉浴池。展現函館異國情調的「WAMODERN」套房，融合西式與日式風格，復古風的彩色玻璃、吊燈、搖椅與檜木溫泉浴池，部分房型可觀賞函館機場飛機起降。

樓中樓套房

　頂樓大浴場溫泉有最棒的視野，也有露天溫泉。因為距離機場近，露天展望風呂能泡湯同時觀看飛機起降。有些航班更直接由頭頂掠過，距離超近很刺激。溫泉內也放置班機起降時刻表做為參考。

WAMODERN 套房

209

推薦一泊二食方案，餐點太精采了！選用北
海道當地食材的摩登懷石料理，函館當地撈捕
的海鮮、道產牛肉等、為視覺與味覺
激盪出全新火花。早餐有日式或
西式兩種選擇，也是豐盛的套
餐，我吃到差點趕不及去機場。

豪華的日式早餐

懷石料理晚餐

🏠 函館市湯之川町 1-17-22　🚌 市電湯之川溫泉站步行約 3 分。飯店另提供札幌至
飯店的付費接駁服務，單程 3,000 日圓 ♨ 日歸溫泉：無 🌐 https://www.bourou-
hakodate.com/

📍 平成館潮騷亭

面對著海灣，海景套房設有私人溫泉浴池，是間能欣賞壯闊海景、悠閒泡湯的
絕景溫泉飯店。在房間就能聽見海潮聲，命名為「潮騷亭」，很有詩意。飯店
內設有兩處溫泉，可眺望海景的展望風呂，以及有日式庭園造景的露天風呂。

🏠 北海道函館市湯川町 1
丁目 3-8 ♨ 日歸溫泉：無
🌐 http://www.shiosai-tei.
com/

平成館潮騷亭

大廳欣賞海景

📍 萬總飯店

若是想享受日歸溫泉，萬總 (万惣) 飯店是個好選擇，設有寢湯、壺湯、露
天風呂、蒸氣室、桑拿等，榻榻米休息室提供冷飲與冰淇淋。飯店充滿異國情
調的設計也很吸引人。

🏠 函館市湯川町 1 丁目 3-8 🕐 日歸溫泉營業時間：15：00 ～ 21：00 ♨ 日歸溫泉：
有 💲 大人 1,2500 日圓，兒童 550 日圓。周末、假日費用為大人 1,800 日圓，兒童
825 日圓 🌐 https://www.banso.co.jp/

Chapter 6

季節限定！
5 個非玩不可的冬季體驗

如夢似幻！破冰船體驗

日本最北的鄂霍克次海，入冬之後流冰隨著海流漂浮南下，在1月底至2月初抵達北海道北邊海岸，讓大海成為白色冰凍的奇幻世界。搭乘破冰船出航，被遼闊且看不見盡頭的流冰包圍著，偶而會看到海豹慵懶的躺在浮冰上曬太陽，是北海道冬季旅遊的醍醐味。

破冰船搭乘地點在紋別和網走，兩地的破冰船構造不同：紋別破冰船使用大型螺旋鑽破冰前進；網走破冰船噸位和載客人數更多，利用船身重量輾壓流冰前進。破冰方式不同，帶來的體驗感受也略有差異囉。

破冰船是超熱門行程，需提前預約。出航當天若無流冰，就是純搭船出海看風景了。

必訪景點推薦

紋別破冰船

紋別市沒有火車站，前往方式是從札幌或旭川搭乘長途巴士。我參加札幌市區出發的一日遊行程，回程還參觀了層雲峽冰瀑祭，充分的利用旅程每一分鐘。但車程時間長，札幌到紋別單程就要 4.5 小時。

紋別巴士站有公車前往港口「海洋交流館」，是破冰船搭乘處。紅色搶眼的破冰船 GARINKO 號 II，1 月底到 3 月中旬每天有 3-5 個航班。建議領取船票後早點排隊，到上層甲板、船頭海景第一排的地方，非常靠近螺旋鑽，鑿破流冰的震撼感十足。下層船艙有座位和暖氣，有電視轉播船頭螺旋鑽破冰的畫面，能溫暖舒適的欣賞流冰。2021 年起 GARINKO 號 III 破冰船加入航運，有 3 層船艙、載客人數更多，提供更豪華的流冰觀賞體驗。

船頭使用大型螺旋鑽破冰前進

海洋交流館入口有告示板說明當天流冰情況、出航後多久可看到流冰。我搭乘的時間雖不是大爆發，但岸邊已有碎冰，出航之後 20 分鐘就被流冰包圍，還直擊外國情侶在破冰船上求婚！是他們這輩子最難忘的回憶了。

航行時間約一小時，沒看到海豹沒關係。海洋交流館對面的「紋別海豹樂園」，收容了數隻海豹，包含一隻 33 歲的海豹爺爺。以飼育與觀察海豹生態為主，並不是觀光設施，僅有簡單的餵食表演，沒有太多花俏表演秀，但能無阻隔的觀察海豹，很有樂趣。

紋別市內交通資訊

穿梭巴士「GARIYA 號」（シャトルバスガリヤ号），停靠紋別巴士站、港口、市區主要飯店。

時刻表
🌐 https://mombetsu.jp/access/
2017-0117-0947-125.html

紋別破冰船

🚢 搭乘地點：海洋交流館 🏷 GARINKO 號 II 大人 2,500 日圓，小孩 1,250 日圓，GARINKO 號 III：大人 3,500 日圓，小孩 1,750 日圓 🌐 線上預約船票：https://o-tower.co.jp/publics/index/23/

紋別海豹樂園

🚢 北海道紋別市海洋公園 2 番地 🕙 10：00-18：00 🏷 成人 500 日圓，小孩 300 日圓 🌐 https://o-tower.co.jp/publics/index/47/

網走破冰船

　搭乘破冰船的地點在「道之驛流冰街道網走」（道の駅流氷街道網走），距離巴士站較近。或是搭飛機至「女滿別機場」，機場到破冰船乘船碼頭約 40 分鐘，幸運的話能從機上俯瞰鄂霍次海上的壯麗流冰呢！

　搭乘 AURORA 號破冰船一樣要盡早排隊，上層展望甲板視野較佳，體驗破冰船乘風破浪的快感。AURORA 號的船底是一般船隻的兩倍厚，運用船身的重量壓碎大片的流冰，冰塊撞擊船底的巨大聲響驚心動魄。除了銀白色流冰，還有機會看到海鷗、海豹，或是在岸邊出沒的蝦夷鹿群。

　下層有兩個室內船艙，一樓船艙為自由席、二樓為指定席，能近距離觀賞破冰船壓輾流冰。船艙內的賣店販售飲料和零食，以及船上限定販售的商品。

　AURORA 號破冰船隨著搭乘月份不同，每日有 2 － 5 個班次，以及 2 月週末限定的黃昏航班，可以觀賞被夕陽染成黃橙色的流冰。2022 年 3 月還推出 Night Cruise 夜間航班，星空下的流冰，浪漫指數滿點。

道之驛流冰街道網走

一樓商店有齊全的網走與流冰
伴手禮,推薦流冰啤酒與監獄黑
啤酒、流冰糖果。二樓的 Food
Court Kinema-kan(キネマ館)
餐廳,以昭和時代的電影放映為
裝潢主題,大片落地窗的港口景
觀絕佳,鋪滿海鮮的網走什錦麵
(網走ちゃんぽん)、藍色流冰
咖哩是人氣餐點。

道之驛流冰街道網走外觀

一樓內部

流冰糖果

流冰啤酒

二樓餐廳的網走什錦麵

附近有許多好逛的商店與餐廳，「流冰硝子館」有使用環保玻璃製作的美麗器皿，並能體驗手做玻璃。「Scenic Cafe 帽子岩」（シーニック・カフェ帽子岩）能眺望破冰船出海，點一份仙氣滿滿的流冰聖代，好吃又好拍。

流冰硝子館

流冰聖代

道之驛流冰街道網走

🏛 北海道網走市南 3 条東 4 丁目 5-1　🚌 觀光設施遊覽巴士「道の駅流氷砕氷船のりば」站　🕐 4 月—9 月 9:00 ～ 18:30，10 月—3 月 9:00 ～ 18:00
🌐 https://www.hokkaido-michinoeki.jp/michinoeki/2986/

網走流冰船搭乘處（網走流氷観光砕氷船おーろら）

🏷 大人 3,500 日圓，小孩 1,750 日圓，船艙指定席 +400 日圓　🌐 線上預約船票：https://www.ms-aurora.com/abashiri/

✏️ 網走與紋別破冰船如何選擇？

紋別破冰船的鑽子碎冰魄力驚人，網走破冰船噸位更大、航行更穩，觀賞流冰都是很棒的體驗。該怎麼選擇？可由行程規劃來安排，網走除了搭乘破冰船，觀點景點較多，若計畫道東多天行程，會玩到知床一帶，以及搭乘流冰物語號觀光列車，可以選擇網走。若行程集中在札幌、旭川附近，可以安排紋別破冰船一日遊。

就地理位置，紋別位置比較北，流冰初接日期比網走早，也可看行程日期做調整。

❄️ 北海道冷知識

流冰流冰何時來？

搭乘破冰船前，要先了解流冰出現的日期，有三個觀察指標
· 流冰初日：從陸地觀測點能用肉眼看到海上流冰的首日
· 流冰接岸初日：海岸被流冰覆蓋，普通船隻無法航行的首日
· 流冰終日：從陸地觀測點能用肉眼看到海上流冰的最終日

從流冰初日到終日為「流冰期」，也是破冰船運行的期間，而接岸初日後的流冰群更為壯觀。近幾年因為暖冬，初日日期、流冰期變化幅度很大。

一般來說，2 月中旬是搭乘破冰船最好的時間。一月底、三月初有可能流冰還沒來、或是流冰已經消失了。網走 AURORA 號流冰船官網上有歷年流冰日期、破冰船行駛日期、流冰能見率和出航率的的詳細整理，對於安排行程非常有幫助。

2022 年流冰接岸初日的日期參考
· 紋別：2022.1.21
· 網走：2022.2.3

關於流冰的觀察數據，包括過往及當年度的日期與流冰分布密度，請參考日本海上保安本部的網站：https://www1.kaiho.mlit.go.jp/KAN1/1center.html

流冰漫步

　搭乘破冰船看流冰還不過癮？想和流冰更近距離接觸，就到知床走一趟「流冰漫步」吧！

　冬季知床的海面從碼頭就開始結凍，積滿浮冰。跟著導遊行走在流冰上，是絕無僅有的夢幻體驗。在集合地點，由嚮導帶領穿上連身的特殊乾式防寒衣，讓水不會滲入衣服裡。防寒衣是直接套在原來的衣服外面，女生請著褲裝，不要穿裙子喔。

　遇到冰上有窟窿，還能直接跳入海中泡個流冰浴，跟流冰一起在海水中載浮載沉。甚至也能幾個人同時在冰上跳躍，「一、二、三，跳！」再一起跳破冰層跌入海中，歡樂又刺激。天氣晴朗時，仔細觀察海面，說不定能看到流冰天使呢！

最後小小提醒，流冰雖美，但直接前往行走在流冰上是很危險的，請跟隨專業嚮導來進行流冰漫步囉。

跳入海中泡個流冰浴

■ 提供流冰漫步行程的旅行社

Shiretoko Nature Tour SHINRA
🌐 https://shinrashiretoko.
wixsite.com/shinra/ice-
walking

哥吉拉岩觀光
🌐 https://kamuiwakka.jp/
driftice/index-cn.
php2017-0117-0947-
125.html

🚌 知床主要城市「宇登呂溫泉」（ウトロ溫泉），能報名流冰漫步行程。距離宇登呂溫泉最近的車站是知床斜里站，從札幌搭乘火車至釧路，再換搭 JR 釧網線到知床斜里，最後換搭乘巴士（約 50 分鐘）至宇登呂溫泉。

若搭乘飛機，東京至女滿別機場約 2 小時，札幌至女滿別機場約 50 分。機場至宇登呂溫泉的直達巴士約 2 小時 15 分鐘。

📍 宇登呂溫泉住宿推薦

知床 Noble Hotel
⛰ 北海道斜里郡斜里町ウトロ東 3

北辛夷知床 Hotel & Resort
⛰ 北海道斜里郡斜里町ウトロ東 172

知床 Noble Hotel

流冰物語號

行駛於網走和知床斜里之間的「流冰物語號」，是北海道大人氣的觀光列車之一，每年在 1 月底－ 2 月之間行駛，每日僅有兩個班次，沿途停靠北濱站、濱小清水站 10 〜 20 分時間，讓旅客下車觀光，購物或拍照。列車沿著鄂霍次克海岸線行駛，近距離觀賞漂浮在海上的壯麗流冰，是北海道冬季最珍貴的景色。

下行列車從網走出發，在北濱站停靠約 10 分鐘，可下車拍照。從車站旁的眺望台俯瞰無盡的大海和天空，遠方連綿的知床山脈連峰，以及鄂霍次克海漂浮的流冰風景，不由得感嘆大自然的神奇與奧妙。是流冰物語列車最佳拍攝點，許多攝影愛好者特別前來這裡取景。

北濱車站

北濱車站旁的眺望台看到的風景

北濱車站號稱日本最靠近海岸線的車站，改為無人車站後，站務室改建為「停車場咖啡廳」，干貝咖哩是招牌料理。請記得停車場咖啡廳公休日是週二，可別和我一樣撲空了。候車室內各個角落都貼滿各國遊客留下的名片，是最特殊的風景。

候車室內各個角落都貼滿各國遊客留下的名片

上行列車從知床斜里站出發，在濱小清水站停靠 20 分鐘，車站旁的商店販售著當地農產品、特色紀念品、熟食與霜淇淋等，每位遊客無不滿載而歸。上行列車在北濱站停靠的時間很短，不夠上去眺望台拍照，我會建議選擇網走出發的列車為優先囉。

流冰物語號車上販售的紀念品

知床斜里車站

　　過去的流冰物語列車是藍色與白色的車廂，繪製著蝦夷百合、知床山脈、流冰和流冰天使。2021 年起更換為黃色與綠色的車廂，分別為「流氷の恵み号」、「森の恵み号」兩個主題，車身上彩繪當地的風景與動物，非常活潑可愛。也調整部分座位為指定席。想坐靠海側的座位請提早預約。

🚌 2023 年行駛時間參考 1/28 － 2/26　🏷 網走－知床斜里單程自由座：970 日圓　🌐 每年行駛日期請見北海道鐵道官網：https://www.jrhokkaido.co.jp/global/chinese/travel/tour-train/tour-train02.html

流冰物語號紀念車票

	出發車站	出發時間	抵達車站	抵達時間
1 號	網走	9：52	知床斜里	10：42
2 號	知床斜里	11：30	網走	12：30
3 號	網走	12：45	知床斜里	13：35
4 號	知床斜里	13：48	網走	14：46

SL 冬季濕原號蒸汽火車

從塘路站拍攝的蒸汽火車進站

SL 冬季濕原號是北海道、甚至是日本少見的蒸汽火車，僅有 1 － 2 月指定日期行駛，一天一個班次，僅有 5 節車廂座位數不多，往往一開放預訂就滿席。

行駛於道東的釧路站與標茶站之間，單程約 1.5 小時。火車穿越遼闊釧路溼原，沿途欣賞美麗的大自然風光，幸運的話還能看到翩翩起舞的丹頂鶴呢！黝黑的蒸汽火車行駛在銀白色世界中，鳴起響亮汽笛聲並冒出壯觀的濃煙，魄力十足的美景讓人屏息，是鐵道迷不能錯過的體驗。

復古風的車廂相當有質感，2022 年全新登場的 1 號車廂、5 號車廂為「丹頂鶴車廂」，加大車窗，並將河川側的座位調整為面對窗戶、另一側的座位墊高，有更好的視野欣賞釧路溼原優美景色。

車上販售溼原號列車週邊商品，最具人氣及搶手的其實是限量「烤魷魚」，放在車廂內的烤爐烤的香噴噴的，內行人都知道準備一雙乾淨的棉布手套來拿魷魚，就不怕燙手啦。我搭乘時正好碰到 SL 釧路溼原號 20 周年紀念，下車前車掌分發搭乘紀念證明，是珍貴的紀念品。

$\frac{1}{2}$ 車上販售魷魚乾，放在車廂內的烤爐烘烤

沿途停靠的都是小車站或是無人站，塘路站內有咖啡廳，並且展示鐵道週邊紀念品。無人車站茅沼站是拍攝丹頂鶴的好地方。終點站標茶附近有餐廳與商店，在此能搭乘釧網本線的列車至川湯溫泉、知床斜里與網走。

20 周年搭乘紀念

釧路出發的班次人最多、最難預約，搭乘小技巧是「反向搭乘」。例如我在上午搭乘丹頂鶴周遊巴士（詳見 104 頁），選擇在塘路站下車，搭乘塘路至釧路路段。不僅車票較好預約，一天內安排多個行程也更有效益。標茶至塘路的鐵道，進站前的彎道，能拍出蒸汽火車車頭與車身，也是絕佳的取景點。或是搭乘普通列車至標茶站，再搭乘 SL 冬季濕原號返回釧路。

　　SL 冬季濕原號行駛期間，釧路車站內的麵包店販售蒸汽火車頭造型的巧克力麵包，造型俏皮可愛。

塘路車站

蒸汽火車造型麵包

🚃 2023 年冬季時刻表參考行駛日期：1/21、22、27 － 29，2/3 － 12、17 － 19、23 － 26 🏷 釧路－標茶全車皆為指定席，單程 1,680 日圓 🌐 每年行駛日期請見北海道鐵道官網：https://www.jrhokkaido.co.jp/global/chinese/travel/tour-train/tour-train01.html 💬 全車指定席，可在新千歲機場或 JR 北海道車站預約，可以用北海道鐵路周遊券（須加購指定席）

出發車站	出發時間	抵達車站	抵達時間
釧路	11：05	標茶	12：35
標茶	14：00	釧路	15：42

野付半島冰平線

　北海道東北方突出的「野付半島」，每年 1 － 3 月中旬，半島的海灣結凍為冰原，無邊際的景色被稱為「冰平線」。在冰原上利用遠近法拍攝的照片很有趣，是社群媒體上的人氣話題。

　想要行走在結凍的海灣和拍照，必須參加野付半島自然中心的行程，由導遊帶領前往，以免誤踩薄冰跌入海水中。導遊除了介紹當地人文風土，也準備拍攝道具，利用遠近的視覺錯覺，能拍出和和哥吉拉激戰的畫面，或是化身可愛的杯中精靈等。

行走在野付半島的冰原上

前往野付半島路上看到的狐狸

工作人員幫忙拍照也準備了拍攝道具

利用遠近法拍出有趣的照片

推薦參加迷你漫步（成人 1,800 日圓），1 小時的行程，上午 9 點至下午 3 點之間，依照預約時間隨時可開始。另有 2 小時的冰平線漫步行程、雪橇行程，前往到冰原更中間的地方。服裝要注意保暖，以及穿著雪靴。

野付半島所在的別海町以畜牧業為主，是日本鮮乳生產量第一的地區，導遊還開玩笑的説，別海町的牛比人還多呢。自然中心內販售復古三角包裝的別海町牛奶，推薦品嘗。

復古三角包裝
的別海町牛奶

🚌 知床宇登呂溫泉出發，搭乘東北海道巴士 5 號。車資僅有交通，不包含導覽行程，東北海道巴士資訊請見 23 頁。 🌐 http://betsukai-kanko.jp/ice-horizon/ 💬 行程需在 3 天前以電話預約 0153-82-1270

Chapter 7

胖死也要吃，
5大人氣美食＆伴手禮

🍴 螃蟹 カニ

　　我常跟朋友説，喜歡海鮮的人來到北海道一定樂不思蜀，各種海鮮料理新鮮美味又不貴，價錢往往是台灣一半金額。其中首推螃蟹，北海道三大蟹「帝王蟹」、「松葉蟹」和「毛蟹」，還有道東特產的「花咲蟹」完全是實力堅強的復仇者聯盟；還有專門販售螃蟹料理的餐廳，享用整套螃蟹套餐，完全升級人生的味蕾體驗啊！

北海道必吃螃蟹

帝王蟹

花咲蟹

毛蟹

松葉蟹

ℹ️ 美味的螃蟹指南

帝王蟹

全年都有，但 11-12 月最好吃，燒烤方式最能凸顯美味。

毛蟹

全年都有。個頭比帝王蟹、松葉蟹小，肉質清甜，蟹膏濃郁飽滿。

松葉蟹（雪蟹）

冬天是產期。肉質細緻，蟹腳做成涮涮鍋、天婦羅都好吃。

花蟹

產期為 4-9 月。主要產地在根室，肉質更為緊實彈牙。

札幌螃蟹餐廳推薦

📍 冰雪之門

　　本地人激推的螃蟹料理專賣店，有三大蟹、帝王蟹、毛蟹套餐，從前菜到主菜以不同的料理手法呈現螃蟹美味，也有划算價格的螃蟹午餐套餐。（價位參考：午餐套餐 3,950 日圓／人起，三大蟹套餐12,600 日圓／人）

🏠 札幌市中央區南 5 條西 2 丁目 📞 011-521-3046 🕐 11:00 ～ 15:00，16:30 ～ 23:00

📍 諾亞方舟海鮮燒烤餐廳（北の海鮮炙りノアの箱舟）

　　也是本地人愛去的餐廳，由英國建築師設計，餐廳外觀造型有如聖經中的諾亞方舟。螃蟹之外，包括其他海鮮與北海道牛肉的套餐很受歡迎，有專人協助桌邊燒烤。

🏠 札幌市中央區南 8 條西 4 丁目 📞 011-521-3022 🕐 17:00 ～ 23:00 🌐 https://www.noa-hakobune.jp/

📍 螃蟹將軍札幌本店

　　人氣螃蟹料理專賣店，懷舊風裝潢，4 層樓高常常座無虛席，有三大蟹、毛蟹、燒烤與涮涮鍋等套餐。

🏠 北海道札幌市中央區南 4 條西 2-14-6

📞 011-222-2588

🌐 http://www.kani-ya.co.jp/shogun/sapporo/

🍴 成吉思汗烤肉 ジンギスカン

　　北海道的國民美食非「成吉思汗烤肉」莫屬，在中央隆起的烤盤放上羊肉燒烤，四周的凹槽放上南瓜、洋蔥等蔬菜。羊肉烤的噴香，蔬菜吸收烤肉滴下的油脂與湯汁，美味無比。推薦給喜歡肉食與羊肉的朋友。

　　相傳是蒙古人出外征戰時的料理，也有人說因為烤盤突起的外型像成吉思汗的頭盔，所以稱為成吉思汗烤肉。北海道人喜愛成吉思汗烤肉的程度，就連賞櫻、露營、海邊等戶外活動，也都會準備成吉思汗烤肉呢。

　　成吉思汗烤肉分成兩種流派：「先漬派」將羊肉醃漬過再燒烤；「後漬派」是沒有醃漬的羊肉，燒烤後再沾醬汁。各家餐廳都有獨門配方的密傳醬汁，來到北海道請一定要嚐嚐美味的成吉思汗烤肉。

成吉思汗烤肉餐廳推薦

📍 成吉思汗烤肉牧羊人之店
「Itadakimasu」

　　自家經營農場，只提供北海道當地飼育的薩福克羊肉，鮮嫩口感與油脂豐潤感皆是頂級，完美體驗道產羊肉的好滋味。只收現金。

🏠 札幌市中央區南 5 條西 5-1-6　📞 050-5484-2607　🕐 11:00 ～ 23:00
🌐 https://itadakimasu.gorp.jp/

📍 松尾成吉思汗札幌站前店

「先漬派」的代表，加入醬油、蘋果、洋蔥、生薑等的特製醬料，將羊肉醃漬的柔嫩入味。4 種羊肉拼盤能一次品嘗不同部位的羊肉，除了單點也提供吃到飽。

🏠 札幌市中央區北 3 條西 4 丁目 1-1 日本生命札幌ビル B1 📞 011-200-2989
🕐 11:00 ～ 15:00，17:00 ～ 23:00 🌐 https://www.matsuo1956.jp/shop/ekimae/

📍 札幌啤酒園 (サッポロビール園)

想大口吃肉就來這，成吉思汗烤肉吃到飽！在北海道啤酒工廠的歷史建物裡用餐特別有氣氛，還有限定款的札幌生啤酒，推薦點北海道才喝的到的 CLASSIC 啤酒。吃到飽、喝到飽，怎麼不去嚐嚐看呢！

🏠 札幌市東區北 7 條東 9 丁目 2-10 📞 0120-150-550 🕐 11:30-21:00 🌐 https://www.sapporo-bier-garten.jp/

📍 旭川成吉思汗大黑屋

旭川超人氣餐廳，建議先訂位或是開門前就到。屬於後漬派，生羊肉、羊肩肉與帶骨厚切羊排都是招牌。蔬菜盤為免費供應。函館設有分店。

🏠 旭川市 4 條通 5 丁目 3・4 仲通 📞 0166-24-2424 🕐 17:00-23:30（不定休）
🌐 https://daikoku-jgs.com/

🍴 湯咖哩 スープカレー

　　因應北海道寒冬誕生的美食，以雞骨、牛骨或豬骨加上大量的蔬菜熬煮出湯底的甜味，各種辛香料帶來濃郁香氣。與一般常吃的濃稠咖哩不同，湯咖哩的湯汁比較多，可以拌飯也可以直接喝。冬天喝上一口熱騰騰的咖哩湯汁，全身都溫暖呢，尤其推薦給喜歡吃辣、重口味食物的朋友們。

ℹ 湯咖哩點餐方式

1 選擇湯頭

　　部分餐廳提供不只一種湯頭選擇。

2 選擇湯咖哩口味

　　蔬菜，或是肉類、海鮮等。

3 選擇辣度

　　部分餐廳增加辣度要加價。

4 選擇飯量

　　部分餐廳提供減少飯量可減價。

5 選擇加點配料

菜單除了餐點口味，還有標示辣度選擇

　　湯咖哩的配料很多，經典的蔬菜口味有北海道馬鈴薯、南瓜、番茄、蓮藕等，以及加入雞腿、漢堡排、豬肉、羊肉、海鮮等選擇。我覺得蔬菜口味甜香，肉類的多了油脂豐潤感，各有各的美味。上桌時咖哩和飯是分開盛放的，直接喝湯，或是把飯拌入湯裡、把湯汁淋在飯上，各種吃法都 ok。

　　小祕訣分享，吃湯咖哩再點一杯拉昔飲品（lassi），冰涼的印度優格飲加入水果，口感清涼，解辣又解膩。

湯咖哩餐廳推薦

📍 湯咖哩 Ouchi！

　　這間風格摩登時尚的小店，提供 3 種湯頭的湯咖哩，蔬菜都是自家農園栽種的，品質有保證。除了雞腿湯咖哩，海鮮、起司培根湯咖哩也很推薦。

🏠 札幌市中央區南 3 條西 7 丁目 7-26 📞 011-261-6886 🕐 11:30 ～ 23:00（週日、假日至 20:00）不定休 🌐 http://mamma-cr.com/ouchi/

湯咖哩 GARAKU

札幌人氣名店，每到用餐時間門口總排起長長的隊伍。秘製香料熬煮的濃郁湯頭，搭配的是薑黃飯，雞腿、上富良野豬肉片、燉豬肉湯咖哩都是招牌。有販售自家出的湯咖哩包。

⛪ 札幌市中央區南 2 條西 2 丁目 6-1（おくむらビル B1 北側入口）📞 011-233-5568
🕐 11:30 ～ 15:30，17:00 ～ 21:00 🌐 https://s-garaku.com/shop-garaku/

lavi ル・トロワ店

在札幌市區和新千歲機場有多間分店，ル・トロワ店在地鐵大通站附近。精選 15 種香料熬煮湯頭，與蔬菜的甜味達到絕妙平衡。除了基本口味，也有蝦夷鹿肉、東坡肉等特殊口味。

⛪ 札幌市中央區大通西 1 丁目 13 Le Trois 8F 📞 011-223-1110 🕐 11:00 ～ 22:00
🌐 https://011bros.com/

PICANTE 札幌駅前店

以濃郁藥膳湯頭獲得當地人熱愛，湯咖哩風味濃郁有層次。招牌餐點是「炸雞腿湯咖哩」，特別設計將雞腿放置的位置墊高，讓炸雞腿每一口都酥脆多汁。

⛪ 札幌市中央區北 2 條西 1 丁目 8-4 青山ビル 1F 📞 011-271-3900 🕐 11:00 ～ 16:00 🌐 http://www.picante2009.com/

¶¶ 爐端燒 炉端焼き

爐端燒料理據說起源於仙台，餐廳中央架起火爐，四周環繞ㄇ字型座位，廚師在客人前燒烤海鮮與蔬菜、溫酒，燒烤好的料理放在木槳上，從餐廳中央遞送到客人桌上。

讓爐端燒發揚光大的，是北海道釧路的爐端燒老店「炉ばた」。開業於 1950 年代，借鏡仙台的爐端燒料理，大量使用釧路的新鮮海鮮食材；而北海道冬季嚴寒，圍著火爐用餐格外溫馨有氣氛，因而廣受歡迎，演變為北海道代表性料理。

如今的爐端燒餐廳，顧客能自己動手燒烤，也有肉類料理，餐點種類更為豐富。不能錯過的還是時令海鮮，釧路美食代表的花魚，以及牡蠣、花枝、蘆筍、馬鈴薯，令人深深地沉浸在北海道豐饒的美味之中。

◉ 炉ばた

北海道爐端燒的發源地，古樸的店面充滿懷舊氣氛，是到釧路必訪的餐廳。白髮蒼蒼的老奶奶是店內的靈魂人物，數十年如一日的主理燒烤料理，精準的掌握火候、呈現食物的美味，徹底演繹職人精神。店內座位數不多，建議先預約。

⌂ 北海道釧路市榮町 3-1 ☎ 0154-22-6636
🌐 http://www.robata.cc/

肥美的北海道花魚一夜干

釧路爐端燒推薦

📍 爐端燒煉瓦

在漁人碼頭 MOO 旁邊，是舊倉庫改建而成。煉瓦是可以自己動手燒烤的餐廳。我在秋天到訪時，吃到正當季的肥美秋刀魚、扇貝等，鮮美的滋味令人難以忘懷。有中文菜單。

🏠 釧路市錦町 3 丁目 5 番 3 号 📞 0154-22-6636 🌐 http://www.renga.jp/

📍 居酒屋くし炉あぶり家

在地人好評推薦，使用平板點餐溝通無障礙。除了烤牡蠣、串燒、生魚片，還能吃到美味的螃蟹料理。

🏠 北海道釧路市末広町 5 丁目 6 番地 📞 0154-22-7777
🌐 https://www.aburiya946.com/

⫴ 夜之帕菲聖代（夜パフェ）

　　札幌越夜越美麗，夜晚聚餐後的續攤不是居酒屋或拉麵店，是來一份甜美的帕菲聖代。パフェ Parfait 是法文「完美」之意，在日本是指盛裝冰淇淋、水果、鮮奶油等的甜點，也可稱為冰淇淋聖代。不只是女生，男生也很享受這甜美的消夜。札幌甚至成立了「札幌パフェ推進委員会」、架設官網來推廣。

　　提供夜之帕菲聖代的餐廳，以北海道香濃的牛奶做成冰淇淋，依季節提供限定口味的聖代，並且在味道上精心設計，搭配酒款小酌一杯也沒問題。作為夜晚的華麗收尾，專屬於大人的夜之帕菲聖代，推薦你試試。

Sapporo Shime Parfait

提供供應夜之帕菲聖代的餐廳資訊、最新活動

🌐 https://sapporo-parfait.com/

夜之帕菲聖代餐廳推薦

Initial（イニシャル）

⛰ 札幌市中央區南 3 條西 5-36-1 F.DRESS 五番街ビル 2F

📞 011-211-0490 🌐 https://www.facebook.com/INITIAL.sapporo

夜パフェ 門店 Parfaiteria miL

⛰ 札幌市中央區南 3 條西 5 丁目 30 三条美松ビル B1F

📞 011-522-9432 🌐 https://risotteria-gaku.net/

パフェ、珈琲、酒『佐藤』

⛰ 札幌市中央區南 2 條西 1 丁目 6-1 第 3 広和ビル 1F

📞 011-233-3007 🌐 http://pf-sato.com/

夜パフェ専門店ななかま堂

⛰ 札幌市中央區南 4 條西 5 丁目第 4 藤井ビル 2F

📞 011-596-8607 🌐 https://risotteria-gaku.net/

🍴 北海道人氣伴手禮

　　出外旅行總要帶點伴手禮，送禮自用兩相宜。分享幾個我常買的商品，每次帶回台灣分送親友都獲得好評。

六花亭禮盒

📍 六花亭

　　創業於 1933 年的北海道老牌甜點店，保存期限短，北海道以外的地方很難買到，一定要保握機會採買啦。

　　明星商品「萊姆葡萄奶油夾心餅乾」，白巧克力和奶油做成的內餡有淡淡酒香。卡布奇諾奶油霜餅也是熱銷商品，以及酒糖：6 種口味的酒糖，閃閃發亮如寶石一般，是超夢幻的伴手禮。什麼都想買的話，也可以買綜合禮盒喔。

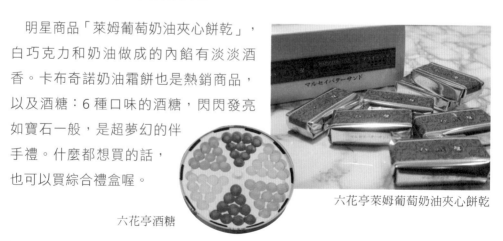

六花亭萊姆葡萄奶油夾心餅乾

六花亭酒糖

📍 馬鈴薯三兄弟

北海道伴手禮代表，機場常有人整箱整箱的掃貨，店員還得掛出限購數量。北海道馬鈴薯很有名，使用北海道產馬鈴薯製造的薯條三兄弟，小鍋油炸，製造出特有的酥脆口感。系列產品還有薯塊三姊妹、昆布太郎洋芋片等。

📍 柳月

柳月有名的是三方六年輪蛋糕，但我更愛鮭魚風味仙貝，是鹹口味的餅乾，北海道產鮭魚製作而成，有鮭魚的香氣和鮮味，越吃越涮嘴，適合搭配清酒。如果要送禮給不吃甜食的親友，這是個好選擇。

鮭魚風味仙貝

📍 LeTAO

除了 P.__ 介紹過的雙層乳酪蛋糕，另一項必買伴手禮是「小樽色內通起司夾心餅乾」，北海道鮮奶油、義大利馬斯卡彭起司製成內餡，口感酥脆濕潤，濃郁香醇滋味保證一吃難忘。

LeTAO 小樽色內通起司夾心餅乾

ROYCE' Chocolate

代表商品生巧克力，使用大量北海道生奶油製作，柔軟細緻、入口即化。我偏愛香檳口味，帶點淡淡的酒香。還有個邪惡的好東西「巧克力洋芋片」鹹甜交織的味道，會讓人一片接一片停不下來。

Royce 工廠所在地在 2022 年建立了 JR 車站，站名就叫「ROYCE' Chocolate」，距離札幌 30 分鐘車程，前往參觀更便利。工廠賣店有多款限定商品，以及巧克力麵包、霜淇淋等。2023 年將開放體驗區，除了展示巧克力製作過程，也有機會體驗親手作巧克力喔。

ROYCE' 生巧克力香檳口味

Royce 巧克力洋芋片

北菓樓米果

北菓樓

選用北海道產糯米製作的「開拓使米菓」，口感香酥脆，細細咀嚼有淡淡米香，推薦「增毛甜蝦」口味。如果有到北菓樓店面，也推薦品嘗泡芙喔。

YOSHIMI 咖哩仙貝

是我的心頭好，湯咖哩名店「YOSHIMI」製作咖哩仙貝餅乾，也是一款鹹餅乾。獨特的微辣辛香料香氣與酥脆口感，就像廣告標語「一口接一口，還有沒有？」好吃到停不下來。

YOSHIMI 咖哩仙貝

📍 玉米茶

　　玉米是北海道特產，伊藤園使用北海道玉米製作罐裝茶飲，當地超商都能買到。不含咖啡因，入口是玉米自然的甘甜味，我在北海道旅遊時常常每天一瓶，推薦你試試。

📍 海鮮

　　新鮮螃蟹、海膽難帶回台灣，但我發現幾樣好東西，一樣能讓親友品嘗到北海道海鮮魅力。

　　海膽醬油，旭川日本醬油工業專賣店推出的人氣商品（請見 82 頁），小小一瓶濃縮海膽鮮美的滋味，喜愛美食的朋友收到一定驚訝又開心。

　　煙燻干貝，濃郁的甘甜感又帶有淡淡煙燻香氣，是最佳下酒菜。

　　北海道海參，高級食材做成即食小包裝，打開就可以吃。昆布調味甜美，是最珍貴的伴手禮。

Chapter 8

行程規劃推薦

北海道行程規劃重點

- 冬天 4、5 點就天黑，參觀景點、拉車別安排得太晚。
- 雪地車輛行駛速度較慢，從 googlemap 查詢交通時間，都得乘上 1.2~1.5 倍才保險。
- 善用不同點機場進出，可節省旅程時間。
- 最後一天要住在機場附近城市、提早去機場，以免下雪影響交通而搭不上班機。

以下的推薦行程，以地區、主題分類，也可將數個行程組合在一起，變成長天數的行程。

札幌小樽滑雪玩雪樂（札幌進出）

若風雪太大、天候不佳，札幌室內景點有白色戀人工廠、札幌啤酒園，逛街購物有札幌車站旁的百貨公司、狸小路商店街、北廣島三井 outlet。

若不滑雪玩雪，Day 4 行程可改成其他一日遊，例如旭山動物園、定山溪溫泉等。

行程		住宿
Day 1	抵達新千歲機場，北海道廳舊本廳舍，時計台觀光	札幌
Day 2	北海道神宮，大通公園，札幌電視塔，狸小路商店街等	札幌
Day 3	小樽一日遊：小樽運河，堺町通商店街，童話十字街口	札幌
Day 4	滑雪：手稻滑雪場或札幌國際滑雪場一日體驗 玩雪：羊之丘或是瀧野鈴蘭丘陵公園	札幌
Day 5	新千歲機場採購伴手禮，返回台灣	

札幌函館溫泉美食之旅（札幌進、函館出）

如果調整為札幌進出，第四晚回到札幌住宿比較保險喔。

小秘訣：利用有提供札幌接送服務的溫泉飯店，可節省車資。

行程		住宿
Day 1	抵達新千歲機場，札幌市區觀光	札幌
Day 2	登別溫泉或洞爺湖溫泉	登別溫泉或洞爺湖
Day 3	函館金森紅磚倉庫，元町散步，函館山纜車與夜景	函館
Day 4	五陵郭，熱帶植物園，湯之川溫泉	函館
Day 5	從函館搭機返回台灣	

■ 北海道三大祭典之旅，札幌雪祭、旭川冬祭、小樽雪燈之路

此行程旭川進、札幌出最便利，札幌進出也可以。小樽雪燈之路開始的日期最晚，因此安排順序為旭川冬季、札幌雪祭、小樽雪燈之路最佳。各祭典日期請見官網。

行程	住宿
Day 1 搭機或搭火車抵達旭川，旭川市區觀光	旭川
Day 2 旭川冬祭，旭山動物園	旭川
Day 3 搭火車前往札幌，札幌雪祭	札幌
Day 4 札幌市區觀光，傍晚前往小樽參觀雪燈之路	札幌
Day 5 新千歲機場採購伴手禮，返回台灣	

■ 探訪北海道道東秘境流冰之旅

若不前往知床，Day 4 可從阿寒湖搭車返回釧路。或是東北海道觀光巴士 6 號一路搭到底，在網走下車，銜接 Day 6 行程。

行程	住宿
Day 1 搭機或是火車前往釧路，釧路市區觀光	釧路
Day 2 丹頂鶴號巴士一日遊行程 (P.102)	釧路
Day 3 White Pirika 號一日遊行程 (P.98)，早上帶著行李一起上車，下午在阿寒湖站下車	阿寒湖溫泉
Day 4 參觀阿寒湖冰上嘉年華 ·東北海道觀光巴士 6 號 -12:45 阿寒湖上車，13:45 摩周車站下車 ·東北海道觀光巴士 8 號 -14:10 摩周車站上車，17:00 宇登呂溫泉下車	知床 宇登呂溫泉

Day 5	知床流冰漫步，搭巴士前往知床斜里，搭乘流冰物語號列車到網走	網走
Day 6	網走破冰船，網走監獄	網走
Day 7	女滿別機場搭機，或是搭火車前往旭川、札幌	

註：東北海道觀光巴士冬季在指定日期之間行駛，詳見官網

6 號路線 https://easthokkaido.com/expressbus_winter/route6/

8 號路線 https://easthokkaido.com/expressbus_winter/route8/

▓ 北海道頂級粉雪・滑雪樂無窮之旅

滑雪玩家會在滑雪場連續住幾晚，徹底享受滑雪樂趣。這個行程適合想滑雪，也想到札幌市區觀光的人。若只想滑雪不觀光，Day 3、Day 4 可繼續住宿在滑雪場，Day 5 直接從滑雪場前往機場。

要注意從雪場前往札幌的巴士班次，大多是下午發車，上午班次很少或沒有。

行程	住宿
Day 1 抵達新千歲機場，搭乘北海道滑雪巴士前往各大滑雪場	各大滑雪場
Day 2 全日滑雪活動	各大滑雪場
Day 3 全日滑雪活動，傍晚搭乘北海道滑雪巴士前往札幌市區	札幌
Day 4 札幌市區觀光	札幌
Day 5 新千歲機場採購伴手禮，返回台灣	

日本旅遊專家 五福旅遊

北海道之旅推薦

知名建築家隈研吾所設計的WE Hotel Toya位於北海道洞爺湖，每間客房設有湖景窗和柏木製露天浴池，四季皆可欣賞絕美湖景！

五福旅遊

WE Hotel Toya

爺湖

北海道即食刺參

一年四季 **特別秋冬** 補身溫潤好食

揮別了溽暑，
接著即將迎來較為乾燥的秋冬季，
空氣中的相對濕度逐漸下降，
因此在日本，秋天主「燥」，
此時日本人著重平時的溫補，
而從日常飲食著手，
海參正是上等的秋冬旬味。

北海道電鮮在這裡哦

海參王嚴選來自北海道的最新產品，獨家代理山村水產、Yamasui株式會社品牌名物，主打非乾海參，買回去無須再泡發，拆封即可使用。

搭配火鍋配菜、晚餐加菜、創意料理都方便，烏參一份200公克份量十足，更是送禮最佳首選。

日本秘食・小酌

山村水產 x 海參王

Bar Take5

新富良野
王子大飯店

滑雪場

新富良野王子是王子大飯店最北邊的雪場，有富良野和北之峰2大區域，共有23條滑雪道，雪場皆緊鄰飯店，讓您走出大門即可直接盡情體驗北國粉雪風情，滑累了可回房泡湯休息片刻，再出門繼續挑戰雪道之極限！

新富良野
王子大飯店

富良野滑雪場

雫石
王子大飯店

滑雪場

秀峰岩手山及寬廣的滑雪場座落飯店前，號稱東北粉雪天堂的雫石滑雪場，除了變化多端的雪道及各式雪上玩樂活動，還可帶您到纜車到不了的高山鬆雪區壓雪車(CAT TOUR)之旅，夜間的銀河星空纜車、新設居酒屋及與鯉魚一起露天泡湯的"高倉溫泉"，讓您結束整天行程之餘~夜晚能和旅伴把酒言歡！

雫石
王子大飯店

雫石滑雪場

苗場
王子大飯店

滑雪場

苗場王子大飯店共擁有1000多間客房，從東京出發只需2小時半即可抵達，是滑雪+美食+購物+泡湯各種具備的大型渡假村，飯店和滑雪場直結，藉由日本最長的「龍纜車」連接鄰近的神樂滑雪場，整片「Mt. Naeba」，涵蓋了4座滑雪場，深受國內外滑雪者喜愛。

苗場
王子大飯店

苗場滑雪場

王子大飯店 ———
最高水準的服務

志賀高原
王子大飯店

志賀高原
王子大飯店

志賀高原燒額山滑雪場

曾舉辦過長野冬季奧運的志賀高原是日本最大的滑雪區域之一，
整區共有18座滑雪場，將近80條雪道，其中在王子大飯店前的
燒額山滑雪場共有15條滑雪道，適合各級滑雪者來此挑戰。

滑雪場

釧路
王子大飯店

釧路
王子大飯店

飯店位於釧路市中心街區，無論觀光或商務都非常適合作爲北海道東部的旅遊據點。
世界三大夕陽，自然與浪漫的城鎮，四季風情各異的釧路濕原，道東地區擁有豐富的大自然風景，等待你來發掘!

札幌
王子大飯店

札幌
王子大飯店

飯店位於札幌市區一處沉穩靜謐的地理位置，遠離喧囂
的28層樓高的圓形建築，可一覽札幌的藻岩山及市區
全景夜景，明亮沉穩的客房及豐富佳餚的餐廳，是北國
大都市特有的「Urban North Resort」。

國境解封後的日旅注意事項

在台灣放寬對疫情的出入境限制後，很多人出國的第一選擇都是到日本。但別忘了疫情沒有消失，不管台灣或日本，在疫情之後的觀光旅遊政策都有一些變化。如果你以前已去日本玩過好幾次，而現在仍抱持著一樣「說走就走」的想法直衝日本，那可能會因為「一時大意沒有查」的結果，卡在某些出入關流程、或在日本當地發生一些問題。建議你花 3 分鐘快速看完以下重點，順便檢查一下是否自己都做好準備囉！

※ 防疫政策、出入境手續，可能依疫情變化而時常改變。以下資訊以概念性為主，實際最新狀況請隨時到相關網站查詢。

■ 確認已打滿三劑疫苗

新冠病毒仍然持續中，入境日本一定要打滿三劑疫苗（需符合 WHO 組織認可，目前高端疫苗仍不包含其中），並攜帶小黃卡或數位疫苗證明。若沒有打三劑符合認可的疫苗，則要提交 72 小時內 PCR 陰性證明。其實還不用到日本，在台灣的機場櫃台做登機報到時，地勤人員就會要求你先出示疫苗證明了，如果沒有提供證明，可能連飛機都上不去喔！

※ 數位疫苗接種證明要申請 SHC 格式，上面會分別記載三劑疫苗接種的時間和品牌，才符合日本審查的規範。

 數位疫苗證明線上申請　　 外交部的前往日本須知

■ 線上填寫 Visit Japan Web（VJW），加快入境日本

以前飛往日本，在機上都會發兩張紙本的單子，一張是入境卡（下飛機第一關檢查護照時要交）、一張是給海關用的（有無攜帶違禁品，拿行李出海關時要交）。現在日本已經採取線上化，連同疫苗審查手續都一起整合成「Visit Japan Web」，請務必提前幾天到此網站申請帳號並登錄完成，過程中需上傳護照、數位疫苗證明，及填寫一些旅程相關資料，加上還要等候審查，如果是到了日本下飛機才填寫會來不及喔！

 Visit Japan Web　　 VJW 的常見問題説明

※ 若未線上填寫 VJW，也仍然可以用以前的紙本單子流程（在機上跟空服員索取），但通關過程可能會耗時較久。

■ 如果需要防疫險、旅平險、不便險

目前有些海外旅平險雖有醫療救助，但會排除確診項目。而不便險也是一樣情形，請留意理賠範圍是否有包含：

1. 海外確診的醫療。

2. 因疫情而造成的行程延誤（如班機取消）是否有賠償。

■ 在日本上網更方便的 e-SIM 卡

很多人到日本要手機上網，會另外買專用的 SIM 卡，但缺點是要拔卡換卡很麻煩。現在較新的手機都有支援 e-SIM 卡功能，就是一個虛擬的數位 SIM 卡，只供日本上網專用（一樣有分幾天、吃到飽等方案），像遠傳、台哥大都有自己的日本上網 e-SIM 卡；而 KLook、KKday 等網站也有販賣其它品牌，即賣即用，算是很方便的選擇，可自行上網搜尋相關資訊。

※ 使用 e-SIM 卡時，請將手機國內號碼的漫遊功能關閉，以免誤用台灣號碼漫遊連網。

2AF676

北海道我來囉！
雪祭、流冰、溫泉、美食，戀上白色大地，雪國出發自由行

作　　　者	娜塔蝦	
責任編輯	單春蘭	
特約美編	江麗姿	
封面設計	張哲榮	
行銷企畫	辛政遠	
行銷專員	楊惠潔	
總 編 輯	姚蜀芸	
副 社 長	黃錫鉉	
總 經 理	吳濱伶	
發 行 人	何飛鵬	
出　　版	創意市集	
發　　行	城邦文化事業股份有限公司	
	歡迎光臨城邦讀書花園	
	網址 www.cite.com.tw	
印　　刷	凱林彩印股份有限公司	
	2024 年 2 月初版 4 刷	
	Printed in Taiwan.	
定　　價	420 元	

香港發行所　城邦（香港）出版集團有限公司
香港灣仔駱克道 193 號東超商業中心 1 樓
　電話：(852) 25086231
　傳真：(852) 25789337
　E-mail：hkcite@biznetvigator.com

馬新發行所　城邦（馬新）出版集團
Cite (M) Sdn Bhd
41, Jalan Radin Anum, Bandar Baru Sri
Petaling, 57000 Kuala Lumpur, Malaysia.
電話：(603) 90563833
傳真：(603) 90576622
E-mail：services@cite.my

若書籍外觀有破損、缺頁、裝釘錯誤等不完整現象，想要換書、退書，或您有大量購書的需求服務，都請與客服中心聯繫。

客戶服務中心
地址：10483 台北市中山區民生東路二段 141 號 B1
服務電話：（02）2500-7718、（02）2500-7719
服務時間：周一至周五 9：30 ～ 18：00
24 小時傳真專線：（02）2500-1990 ～ 3
E-mail：service@readingclub.com.tw

※ 詢問書籍問題前，請註明您所購買的書名及書號，以及在哪一頁有問題，以便我們能加快處理速度為您服務。

※ 廠商合作、作者投稿、讀者意見回饋，請至：
FB 粉絲團・http://www.facebook.com/InnoFair
E-mail 信箱・ifbook@hmg.com.tw

國家圖書館出版品預行編目(CIP)資料

北海道我來囉！雪祭、流冰、溫泉、美食，戀上白色大地，雪國出發自由行/娜塔蝦著. -- 初版. -- 臺北市：創意市集出版：城邦文化事業股份有限公司發行，2023.01
　面；　公分. -- (樂遊ing)
ISBN 978-626-7149-45-4(平裝)

1.CST: 旅遊 2.CST: 日本北海道

731.7909　　　　　　　　　　　　111018765